JN113638

中世修道院の庭から

歴史、造園、栽培された植物

図版クレジット

AKG : 4, 133 © Heritage-Images / Art Media / akg-images ; 16, 31, 75 © Heritage Images / Fine Art Images / akg-images ; 17, 42 © akg-images / Erich Lessing ; 27（上）© akg-images / Science Source ;
4e de couverture, 5, 28, 29, 34, 55（下）, 64, 72, 95, 107, 121, 125 © akg-images ; 30, 63 © akg-images / André Held ; 44, 51, 58, 62 © akg-images / Album / Prisma ; 47, 71 © akg-images / Pictures From History ;
59 h © akg-images / MPortfolio / Electa ; 67 © akg-images / Stefan Diller ;
74 © akg-images / British Library ; 27（下）, 91, 101, 111, 115, 135, 137 © akg-images / bilwissedition ;
97 © akg-images / Science Photo Library / Natural History Museum, London ; 99 © Heritage Images / Historica Graphica Collection / akg-images ; 109, 129 © Quagga Media UG / akg-images ;
113 © akg-images / De Agostini Picture Library ; 127 © Bernard Bonnefon / akg-images.
Bridgeman : Couverture (plat 1), 6, 8, 10-11, 14, 15（上）, 26（下）, 35, 37, 38, 39, 41, 48, 50, 52（下）,
53, 56, 65, 68, 70, 93, 103, 119.
Creative commons : 21.
iStock : 9, 20, 23, 25, 26（上）, 46, 49, 52（上）, 54, 55（上）, 57, 59（下）, 69.
Kharbine tapabor : 15（下）.
Leemage : 105, 117, 123, 131 (Florilegius/Leemage), 139.
Photo 12 : 66 : Photo12/Ann Ronan Picture Library.
Rustica : © Eric Brenckle : 83, 85 ; © Christian Hochet : 79, 81（上）, 82, 84 ; © Patricia Kadijevic : 80, 81（下）, 87 ; © Frédéric Marre : 86.
Shutterstock : 12, 19, 32, 60, 76, 78, 88.

Jardin de monastères
Histoires, symbolisme et plantes
by Michel Beauvais

Copyright © 2023, Éditions Rustica, Paris

This Japanese edition was produced and published in Japan in 2024 by Graphic-sha Publishing Co., Ltd.
1-14-17 Kudankita, Chiyodaku, Tokyo 102-0073, Japan

Japanese translation © 2024 Graphic-sha Publishing Co., Ltd.

Histoire, symbolisme et plantes

中世修道院の庭から

歴史、造園、栽培された植物

ミシェル・ボーヴェ 著
深町貴子 監修　ダコスタ吉村花子 訳

g

Salmon

SOMMAIRE

目次

AVANT-PROPOS

序文

素朴、幾何学、正方形、長方形、丁寧に手入れされた秩序ある菜園、すっきりとした小道、太陽のもとで整列した健康的な野菜と香りのよい植物。ごく平凡でありながら、沈黙と孤独と平和の中に漂う永遠の香りと麗しい静謐。これこそが修道院の庭のパラドックスであり、魅力でもあります。修道院の庭は、共同体の日々の食糧を最大限賄うためにつくられた組織体であり、内在的スピリチュアリティという別の次元をも備えています。

中世の庭、聖ルイやカール大帝時代、そしてキリスト教初期の修道院や大修道院の庭の発見は、心躍る試みであると同時に、難題でもあります。それというのも、わずかな資料やデータしか残っていないからで、資料は深い過去に埋められて、大部分が謎に包まれたままなのですが、これこそが中世の庭の魅力でもあります。

修道士や修道女がかいがいしく種をまき、植物を植え、水をやる姿を想像してみましょう。日常の作業は地味で平凡ですが、心は高揚していて、天国を夢想し、数えきれないほど多くの神秘的な象徴に囲まれています。

現代に至るまで人々を魅了し続けるこうした庭は、自宅でも歴史的な正確性にとらわれずに比較的容易につくれて、美しさ、静けさ、余裕を楽しめる上に、健康で美味な野菜をももたらしてくれるのです。

《テーバイド》1410年頃。ゲラルド・スタルニーナ次いでフラ・アンジェリコ作と推定された作品。テーベにほど近いナイル渓谷の架空の修道院に暮らす修道士たちの生活と労働が描かれている。

INTRODUCTION
はじめに

鍬や鋤で地ならしをする人々。『ド・ボンモン』と呼ばれるシトー会の典礼用詩篇〔旧約聖書『詩篇』や教会暦等が盛り込まれた礼拝等を指示する書物〕より。13世紀。ブザンソン市立図書館蔵。

かつて中世に存在した修道院の庭のうち、現在まで残っているものは何でしょう。答えは単純。「何も残っていない」です。悲しいことに、現存する庭は皆無で、かつての姿を保ったまま現代まで生き延びた庭は一つとしてありません。むしろ14世紀以前の庭が残っていると考える方が非現実的でしょう。修道院や大修道院といえども、戦火や侵略や略奪を免れえず、壁や建物などの建築物もほとんど残っていないのですから。14世紀や15世紀の庭でさえすっかり消滅してしまいました。原因はやはり暴力的な出来事、政変、繰り返し襲った疫病（特にペスト）で、修道士や修道女もその犠牲になりました。その後16世紀から18世紀にかけての3世紀間の庭も、ほとんど残っていません。宗教戦争に巻き込まれ、徹底的に改造され、すっかり様変わりし、中には消滅したものもあります。その原因となったのは、いわゆる「空位聖職禄臨時保有」制度です。フランス国王の指名を受けた人が修道院の利益を受け取る権利を得るのですが、たいていは金銭的利益が優先されて、修道院の維持や規則の順守などは二の次でした。また、フランス革命により多くの修道院が取り壊され、聖職者が離散したことは言うまでもないでしょう。

その一例が権威あるシトー会のロワイヨモン修道院です。1228年にルイ9世（聖ルイ）によりパリから約30km北に設立された修道院で、設立直後から14世紀半ばまで修道士の大共同体として名声を誇りました。けれども百年戦争のあおりを受けて急速に衰退し、16世紀前半に再生を果たしたものの、「空位聖職禄臨時保有」制度が原因で何度も苦境に立たされました。フランス革命が勃発すると、1790年に憲法制定国民議会により解散させられ、修道院も土地も国有財産として1791

年に売却され、紡績工場に転用されました。

ロワイヨモン修道院が特殊な例というわけではなく、ほぼすべての修道院や大修道院が激動の歴史に翻弄されました。最初の犠牲となったのが脆弱な庭で、その後数世紀の間に何度か修復されたものの、計り知れない損害を受けました。土地区分の資料をもとに9-15世紀にあったであろう姿に復元されたのは、ようやく最近になってからのことです。2004年に開園したロワイヨモン修道院の「9つの正方形」の庭も中世風の素晴らしい庭園ですが、かつて修道士たちが耕作していた場所からは離れています。

現在見学可能な修道院の庭（嬉しいことにたくさんあります）はすべて、かつての庭園を一定度

忠実に再現した復元で、中には膨大な調査と文献考証をもとにしたものもあります。しかし復元は難題です。ほとんどの修道院の庭は中世前期から古典時代にかけ、大きな変化を遂げ、耕作面積は修道士や修道女の数により変動し、栽培種の数は増え、「外来」植物も登場しました。施設ごとにかなりの違いがあったことは確かで、広大な農地や農場を所有する裕福な大修道院は、自ら耕作をする必要がありませんでした。時代や修道院によっては、宗規がかなり緩み、それまで一部の修道院で強制されていた菜食主義から離れて肉を食べるようになった点も重要です。ロワイヨモン修道院でも15世紀中期に、修道士たちが狩りに夢中になり、野菜のポタージュよりもジビエ（野禽獣肉）を好みました。最終的に修道院と修道士の間で妥協が成立し、肉は週3回と定められました。ただしロワイヨモンには池や沼が多くあり、「肉の日」以外には魚が出されるようになったとか。こうした状況なら、わざわざポロネギやカブを栽培する必要などないでしょう。

修道院の庭を「忠実に」再現する際の最大の課題は情報不足です。ごく稀に充分な情報がある場合でも、どの修道院にどれくらいの規模の庭がどの場所にあったかということはわかっても、区画分けや編成、農法に関しては正確には判明して

修道院での収穫風景。サーノ・ディ・ピエトロ（1405-81年）の写本装飾。未成年の修道士用の聖務日課書より。シエナ市立図書館蔵。

いません。とはいえ、御料地令（13世紀末）、ザンクト・ガレン修道院平面図（9世紀初頭）、ヒルデガルト・フォン・ビンゲンによる薬草の叙述（12世紀）などの貴重な資料や植物リスト、その後の時代の文書、版画、写本画、絵画、タペストリー、ステンドグラスをもとに、12-13世紀の修道院の庭の様子を想像することはできます。確かにそうした精密な資料とて、歴史的観点から見て完璧に正確な復元には不充分ですが、復元された庭は精神性、霊的次元、落ち着きに満ち、深遠で心を揺さぶる美を伝えています。こうして時の間に埋もれた魅惑的な過去がよみがえっても、現代人にとってはわかりにくい点もあるでしょう。それを理解するためには、実際の修道制度や、キリスト教初期に起こった驚くべき奇妙な「修道院現象」に目を向ける必要があります。この流れの中で、熱烈な信仰心を持ち、神との親密な環境に隠棲したいと希求する多くの男女が、自己を捨てて、謙虚に、外界を必要としない生活を立てようと、きっちりと四方を囲まれた畑を耕すようになったのです。

千年の時を経て遠い過去から奇跡のごとく現代に再現された庭は、宗教的次元を超え、その変わることのない清涼感、畑から来る静謐、永遠の雰囲気は人々を魅了し続けています。

HISTOIRE DES JARDINS monastiques

修道院の庭の歴史

LES PREMIÈRES COMMUNAUTÉS

初期の共同体

中世の修道院では知的作業に重点が置かれていましたが、
聖ベネディクトゥスをはじめとする修道制度の設立者が制定した戒律は、
共同体の物理的自立のための手作業の重要さを唱えました。

聖パウロスと聖アントニウス

キリスト教の修道制度の起源は複雑で、謎に包まれています。西暦が始まって数世紀の間、世を捨て徳と祈りに生きたのは、主に中東やエジプトの隠者たちでした。こうした隠遁の伝統の起源は、キリスト教ではなくインドにあると考えられますが、西暦初期の数世紀間で広範に広がり、砂漠の師父と呼ばれる人々が登場しました。ただし彼らが実在したのか否かについては、議論は結着していません。その一人、隠修士聖パウロスことテーベのパウロスは毎日カラスが運んできてくれるパンで糊口をしのいでいたと伝わっており、隠者たちが供物や施し物を生活の糧としていたことがうかがえます。一方、大アントニウスこと聖アントニウスは、ヒエロニムス・ボスの《聖アントニウスの誘惑の三連祭壇画》などの絵画作品で知られる隠者です。キリスト教の伝承には女性も登場し、砂漠の師母（アマ）は人里離れた場所に隠棲しました。その一人シンクレティカはエジプトの砂漠で数十年を過ごし、多くの女弟子がいたと伝わっています。それでも――世から隔絶して生活するのは困難だったためでしょう――、こうした生活様式は変化を遂げ、隠者達は共住生活を送るようになります。

聖アントニウスと聖パウロス。ダフィット・テニールス（子）。1636 -38年頃。

大パコミオスを描いた版画。19世紀。

大パコミオス

キリスト教徒の共住生活を提唱したのは4世紀の大パコミオスとされており、隠遁生活を送るうちに、共同体を打ち立てよとの声を聴いたと伝わっています。

彼はその声に従い、3人の同志と共に上エジプト、おそらくナイル川沿いのタベンニシに共同体を設立し、多くの弟子が集まりました。近隣には、彼の姉妹により女性共同体も設立されました。これが初の「男女」修道院だったことは確かで、一方には男性、もう一方には女性が住み、区画を共有しながらも厳格に分断されていました。タベンニシ修道院の非常に厳しい規則では、伝統的に手作業が義務付けられていましたが、ナイル川近辺という土地柄も影響して、庭があったと推定できます。共住生活は瞬く間に普及し、5世紀初頭には修道士は数千人を数え、南ヨーロッパの出身者もいました。

LE MYSTÈRE SAINT FIACRE

聖フィアクル

言い伝えによれば、修道士フィアクルは7世紀にアイルランドからフランスにやってきて、モーの近く、ブルイユという場所に、庭のある修道院を設立したそうです。これがおそらく史上初の修道院の庭でしょう。しかしそれが史実だったのか(「ブルイユ」という語には溝で仕切られた土地という意味もあります)、彼が実在したのかさえ定かではありません。いずれにせよ、痔を癒すことで知られる聖フィアクルはフランスでは長い間人気を誇り、庭師の守護聖人となりました。

野に立つ聖フィアクル。シャルル・ルアンドル『豪華なる芸術』に掲載された複製画。1858年。

LE JARDIN DE SAINT ANTOINE

聖アントニウスの庭

あるとき、聖ヒラリオンは聖アントニウスの庭を訪ねました。「石ころだらけのずいぶんと高い山は、一周がほぼ1000歩あり、ふもとには水がわいていて、一部は砂に吸い込まれ、残りは下へ流れて、徐々に小川になっていく。上方には数えきれないほどのヤシの木が生えていて、この上なく美しく心地よい場所だ」。アントニウスの弟子たちは、こう説明しながら案内したそうです。「こちらが師が働いていらしたところ、こちらが疲れたときに休まれていたところです。師自らがこのブドウの木や低木を植えられました。(中略)庭の水やりのために、自ら汗を流してこの貯水池を掘られました。その鋤を使って、何年もかけて土を耕しました。(中略)この庭には低木やたくさんの野菜が植えられているのがおわかりでしょうか。3年ほど前に野生のロバの群れが全部根こそぎにしてしまったのですが、師は先頭のロバに立ち止まるように命じ、わき腹を棒で軽く打って、『なにゆえにそなたは自分が植えてもいないものを食べるのだ』とお尋ねになりました。以来、ロバは低木にも牧草にも一切手を付けません」(『聖ヒラリオンの生涯(*La vie de saint Hilarion*, de Jérôme de Stridon, du ive siècle, dans *Œuvres de saint Jérôme*, publiées par Benoît Matougues, Paris, 1838)』)

4世紀の修道士、聖ヒラリオン。

ソドマ《聖ベネディクトゥスの生涯》から《ベネディクトゥスに隠者の衣を渡すローマの修道士》。
イタリア、モンテ・オリヴェート・マッジョーレ修道院のフレスコ画。1505年。

カッシアヌスとベネディクトゥス

5世紀における修道制度の発展の背景には、現ルーマニア出身でギリシャ文化の中で育ったヨハネス・カッシアヌスの影響があると考えられます。彼はパレスティナやエジプトの修道院に滞在し、その後ローマ、さらにプロヴァンスに移りました。415年頃には、マルセイユに男性のためのサン・ヴィクトール修道院、女性のためのサン・サヴール修道院を設立し、西洋の修道制度を確立しました。彼の記した『共住修道士の掟（*De Institutis cœnobiorum*）』には宗教共同体の生活や組織のための指示や規則が綴られており、夕食の席では『問答集』（ラテン語でCollationes）が朗読されました。フランス語で軽食を意味する「コラシオン」の語はここから来ています。

6世紀には、ラテン語で『師父の掟（*Regula Magistri*）』が執筆されます。この師と弟子の対話には、厳格な禁欲生活に関する指導や、共同体を養うための手作業、すなわち庭仕事の必要性が説かれています。「修道士たちが何度も外に出て、俗人と交わる必要がないように、あらゆる必需品は扉の手前、すなわち、窯、建物、手洗い、庭の内側に置いておかねばならない」（『師父の掟（*La Règle du maître,* vi^e^ siècle, retranscrite par Adalbert de Vogüé）』）

「師」ヨハネス・カッシアヌスの教えを受け継いだのは聖ベネディクトゥスです。490年頃にイタリアのヌルシアに生まれた彼は、若くして祈りの生活に身をささげることを決意し、隠遁生活に入りました。彼の敬虔さと奇跡は徐々に世に知られるようになり、弟子たちが集まり、ローマ近くのスビアーコに最初の修道院が設立されました。修道院は少しずつ拡張し、12ほどのクロイスター〔修道院の四角い中庭を囲む柱列廊〕ができました。530年頃、彼はラティウム地域、ローマとナポリの中間に位置するモンテ・カッシーノに移って大修道院を設立し、修道士たちが自ら建設しました。伝記作家によれば、彼は多くの奇跡と預言で広く知られ、書を著し、彼を知らぬキリスト教徒はいなかったそうで、修道会の影響力は強まりました。フラ・アンジェリコからラファエロまで、ルネサンス時代の偉大なる芸術家たちは皆、彼の姿を描いています。彼の記した戒律は、西ヨーロッパの修道生活に決定的な影響を及ぼしました。戒律は「師」カッシアヌスはもちろん、聖アウグスティヌスや教父たちから着想を得ていて、修道士・修道女の日常生活を正確に組み立て、律し、修道士たちの選出した修道院長の権威を強調しました。特に信仰生活に重点が置かれており、神の探求を唯一の目的とし、一日に8度の聖務（共同祈祷）を定め、読書と手作業の時間も規定しました。とりわけ手作業は生活の本質をなすものと考えられました。「我々の教父や聖使徒のように、手仕事を生活の糧とする者は真の修道士である」（戒律48）。修道院は自給自足が基本です。「修道院は可能な限り、あらゆるものをそろえるための設備を必要とする。修道士が外出する必要がないよう、敷地内で様々な職業に従事できるよう、水、水車、庭、作業場などを整えねばならない。外出は魂にとって好ましいことではないのだから」（戒律66）

食卓の需要

修道士の食卓用の野菜を栽培するには菜園が必要です。つまり菜園はある意味で、修道士共同体が生まれたのとほぼ同じ頃から、その「骨幹」だったのです。

11世紀にナルボンヌ近くに設立されたサント・マリー・ド・フォンフロワド修道院。

LE JARDIN GALLO-ROMAIN
ガロ・ロマン時代の庭

中世の庭はガロ・ロマン時代の庭の延長線上にあるのでしょうか。最古の修道院の庭は両時代にまたがっているので、なおさらこの疑問がわいてきますが、ガロ・ロマン時代の庭の実態は、正確にはわかっていません。考古学の発掘の主な対象である豪華なヴィッラ〔田舎の館〕の庭は、シャラント＝マリティーム県ジョンザックのように、ローマ時代のヴィッラの流れを汲む観賞用庭園です。しかしヒントとなるいくつかの発見もあり、たとえばパリ近郊イヴリーヌ県リッシュブールのヴィッラの遺跡からは果樹園や菜園の跡が発見され、2本の道には十字状に石が敷かれ、パーゴラ（つる棚）がかけられていました。穴の開いた鉢では、おそらくオリーブの木、ライラック、カラマツなどの若木が栽培されていたのでしょう。復元が試みられたケースもあり、アルザス地方ドゥランジャンのギュルテルバッハのヴィッラでは、小枝の柵に囲まれた正方形の菜園で芳香性植物や薬草が栽培されています。どのような植物が栽培されていたのかはわかっているのですが、配置についてはほぼ不明です。一部の古い修道院はガロ・ロマン時代の遺跡や建物の中に建てられており、7世紀のジュアール女子修道院（セーヌ＝エ＝マルヌ県）は古代建造物（おそらくヴィッラ）の上に立っています。つまり、修道士たちが古代の庭を再生した可能性も充分あるのです。

LE CAPITULAIRE *DE VILLIS*

御料地令

カール大帝は800年にフランク・ローマ皇帝に戴冠しました。
以降、修道院や民間の庭についての最初の文書が作成され、
次いで重要かつ貴重な資料が生まれました。

法令集とは法律、規範、規定集で、章や条項に分かれています。初期のものは8世紀、ピピン3世時代にさかのぼり、カール大帝の統治下では約10の宗教・世俗法令集が作成されました。あらゆる分野、特に民法、刑法が網羅され、都市生活、宗教団体生活に関する事項も扱われています。

御料地令（カピトゥラーレ・デ・ヴィリス）はウィリチと呼ばれる帝国各地の行政管理者や地方総督に宛てて書かれたもので、わずかに1部がドイツ、ヴォルフェンビュッテルに保管されています。著者は不明ですが、おそらくカール大帝の助言役でもあったイングランド出身の教養人アルクィンが一部を著し、皇帝も自ら執筆に参加したと考えられます。御料地令は主に狩猟や食肉処理、学校設立など多岐にわたる項目を扱っていますが、特に知られているのが当時のラテン語で書かれた植物リストで、庭での栽培を奨励する94の植物が挙げられています（p22参照）。主にハーブ類（薬草も含む）と食用植物（73種）で、果樹（16種）と繊維や染色の原材料となる5種も含まれています。

栽培が強く奨励された植物リストは、第一に修道院の庭を対象としています。貧者や農民を治療する修道士たちは、治療薬や水薬を調合していた

からです。統治者が修道院の方針を制定するのも当然と言えば当然で、カロリング朝時代の宗教は民事と分離されておらず、ローマとカトリック教会に近いカール大帝は、宗教政策に大きな関心を寄せていました。

王令を順守させる任務を担っていたのは国王巡察使で、つねに一般信徒と聖職者の2人一組で行動していました。つまり、御料地令は修道院で栽培されていた植物に関する貴重な情報源であり、庭が菜園、果樹園、薬草園の3つから構成されていたことがわかります。

QUEL NOM POUR QUELLE PLANTE ?

植物とその名称

植物関連の古文書で言及されている植物種の特定は、必ずしも容易ではありません。というのも、著者ごとに謎めいたラテン語名や地域固有の俗称を用いたり、未知の種を独自に命名したりしていたからです。こうした不便な状況は古代や中世だけでなく、古典時代まで続き、ようやく植物学者リンネ（1707-78年）が、ラテン語表記で属と種の2語からなる普遍的かつ国際的な分類体系を打ち立てました。リンネは少なくとも一般的な植物については古い名称を使い続けることが多かったのですが、それ以前の文書自体に多くの混乱と錯誤が混じっていました。御料地令に掲載されている植物も例外ではありません。ドラガンテア（dragantea）がタラゴン、パステナカス（pastenacas）がパースニップだと想像はできても（ただし議論が決着しているわけではありません）、アドリピア（adripia、ヤマホウレンソウ）やブリトラ（britla、チャイブ）、オリサトゥム（olisatum、マセロン）はわかりづらいでしょう。しかも多くの植物の特定がつかないままで、ラディス（radices）がクロダイコンを指すのか、ホースラディッシュなのかは確定していません。バラ科の植物も同様で、1世紀の博物学者大プリニウスは14のバラに言及していますが、最も美しいのは「プラエネステのバラ」や「カンパニアのバラ」など、原産地名で呼んでいるので、 識別はほぼ不可能です。彼が「ギリシャのバラ」と呼ぶ花は、スイセンノウ（*Lychnis coronaria*）であることはわかっています。19世紀、イギリスの植物学者ジョン・リンドリーは、古代の著者たちがたった一つのバラ科植物——シナモンローズ（*Rosa cinnamomea*）——につけた無数の名称を前にして、当惑を隠しきれませんでした。リンネも同じ名称を複数の種につけたのですから、なおさらです。間違いは誰にでもあるということでしょう。

LISTE DES PLANTES POTAGÈRES QUI SERAIENT RECOMMANDÉES DANS LE CAPITULAIRE DE VILLIS

御料地令で栽培が奨励されたと推定される食用植物一覧

Abrotanum : サザンウッド（オキナヨモギ）（*Artemisia abrotanum L.*, キク科）
Adripias : ヤマホウレンソウ（*Atriplex hortensis L.*, アカザ科）
Alia : ニンニク（*Allium sativum L.*, ヒガンバナ科）
Altaea : ウスベニタチアオイ（*Althæa officinalis L.*, アオイ科）
Ameum : レースフラワー（*Ammi majus L.*, セリ科）
Anesum : アニス（*Pimpinella anisum L.*, セリ科）
Anetum : ディル（*Anethum graveolens L.*, セリ科）
Apium : セロリ（*Apium graveolens L.*, セリ科）
Ascalonica : エシャロット（*Allium ascalonicum L.*, ヒガンバナ科）
Beta : フダンソウ（スイスチャード）（*Beta vulgaris subsp. maritima L.*, アカザ科）
Blida : イヌビユ（*Amaranthus blitum*, ヒユ科）
Britla : チャイブ（*Allium schoenoprasum*, ヒガンバナ科）
Cardones : カルドン（*Cynara cardunculus L.*, キク科）
Careium : キャラウェイ（*Carum carvi L.*, セリ科）
Carvita : ニンジン（*Daucus carota*, セリ科）
Caulos : ヤセイカンラン〔キャベツ〕（*Brassica oleracea L.*, アブラナ科）
Cepa : ネギ（*Allium fistulosum*, ヒガンバナ科）
Cerfolium : チャービ（*Anthriscus cerefolium L.*, セリ科）
Cicerum italicum : ヒヨコマメ（*Cicer arietinum*, マメ科）
Ciminum : クミン（*Cuminum cyminum L.*, セリ科）
Coloquentida : コロシントウリ（*Citrullus colocynthis Schrad.*, ウリ科）
Coriandrum : コリアンダー（*Coriandrum sativum*, セリ科）
Costum : コストマリー（*Balsamita major*, キク科）
Cucumeres : キュウリ（*Cucumis sativus L.*, ウリ科）
Cucurbita : ユウガオ（*Lagenaria siceraria*, ウリ科）
Diptamnum : オレガノ・ディクタムナス（*Origanum dictamnus*, シソ科）
Dragantea : タラゴン（*Artemisia dracunculus*, キク科）
Eruca alba : ルッコラ（*Eruca sativa Mill.*, アブラナ科）
Fabas majores : ソラマメ（*Vicia faba L.*, マメ科）
Fasiolum : ササゲ（*Vigna unguiculata L.*, マメ科）
Febrefugia : 解熱植物？（カモミールの可能性あり）
Fenicolum : フェンネル（*Foeniculum vulgare Mill.*, セリ科）
Fenigrecum : フェヌグリーク（*Trigonella fœnum-græcum*, マメ科）
Git : ニゲラ・サティバ（ニオイクロタネソウ）（*Nigella sativa*, キンポウゲ科）
Gladiolum : グラジオラス（*Gladiolus*）あるいはニオイアヤメ（*Iris florentina*），アヤメ科
Intubas : チコリー（*Cichorium intybus L.* キク科）
Lacterida : ホルトソウ（*Euphorbia lathyris*, トウダイグサ科）
Lactuca : レタス（*Lactuca sativa*, キク科）
Levisticum : ラベージ（*Levisticum officinale L.*, セリ科）
Lilium : ニワシロユリ（*Lilium candidum*, ユリ科）
Linum : アマニ（*Linum usitatissimum*, アマ科）
Malva : ゼニアオイ属（*Malva spp. L.* アオイ科）
Menta : ミント（*Mentha spp.* シソ科）
Mentastrum : ミント（*Mentha spp. L.*, シソ科）
Nasturtium : クレソン（*Nasturtium officinale L.*, アブラナ科）
Nepeta : イヌハッカ（*Nepeta cataria L.*, シソ科）
Olusatrum : マセロン（アレクサンダース）（*Smyrnium olusatrum, L.*, セリ科）

Papaver : ケシ属（*Papaver spp.*, ケシ科）
Parduna : ゴボウ（*Arctium lappa*, キク科）
Pastenaca : パースニップ（*Pastinaca sativa L.*, セリ科）
Pepones : メロン（*Cucumis melo L.*, ウリ科）
Petreselinum : パセリ（*Petroselinum sativum*, セリ科）
Pisos mauriscos : エンドウ属（*Pisum spp.*, マメ科）
Porros : ポロネギ（*Allium porrum L.*, ヒガンバナ科）
Puledium : ペニーロイヤルミント
（*Mentha pulegium L.*, シソ科）
Radices : ダイコン（*Raphanus sativus*）または
ホースラディッシュ（*Armoracia rusticana*, アブラナ科）
Ravacaulos : ヤセイカンラン〔コールラビ〕
（*Brassica oleracea*, アブラナ科）
Rosas : バラ属（*Rosa spp.*, バラ科）
Ros marinus : ローズマリー
（*Rosmarinus officinalis L.* シソ科）
Ruta : ヘンルーダ（ルー）（*Ruta graveolens L.*, ミカン科）
Salvia : セージ（*Salvia officinalis L.*, シソ科）
Satureia : サマーセイボリー
（*Satureja hortensis L.*, シソ科）
Savina : サビナビャクシン（*Juniperus sabina*, ヒノキ科）
Sclareia : クラリセージ（*Salvia sclarea L.*, シソ科）
Silum : ムカゴニンジン（*Sium sisarum*, セリ科）
Sinape : シロガラシ（*Sinapis alba L.*, アブラナ科）
Sisimbrium : カキネガラシ
（*Sisymbrium officinale spp*, アブラナ科）
Solsequia : キンセンカ
（*Calendula officinalis L.*, キク科）
Squilla : カイソウ（*Scilla maritima*, ヒヤシンス科）
Tanazita : タンジー（*Tanacetum vulgare L.*, キク科）
Uniones : タマネギ（*Allium cepa L.*, ヒガンバナ科）
Vulgigina : オウシュウサイシン
（*Asarum europaeum*, ウマノスズクサ科）
Warentia : セイヨウアカネ（*Rubia tinctorum*, アカネ科）

Cicer
CHICKPEA

LE PLAN DE SAINT-GALL

ザンクト・ガレン修道院平面図

ドイツ語圏スイス、コンスタンツ湖近くの町ザンクト・ガレンは、7世紀初頭に修道院を中心に発展しました。ザンクト・ガレンの名はアイルランド出身の修道士ガルスに由来します。

貴重な文書

修道院は設立後間もなく発展を遂げ、学芸、神学の分野で名声を博しました。特に写本の複製を手がけ、いわゆるザンクト・ガレン修道院平面図を中心に多くの文書が現存しています。これは9世紀初頭(820年)の設計図で、設計図という性質(8世紀以前の設計図は一切見つかっていません)と、その技術的・美的質の高さゆえに類を見ない文書です。一人ないしは複数の「都市建築家」により作成されたと考えられ、修道院建設時に利用されたかは定かではないものの、驚くほど精密です。その着想の根源には、実用的・機能的な面への配慮だけでなく、象徴が大きな位置を占めています。中世専門の研究者キャロル・エッツが指摘したように、設計図では道が十字状に通っていて、中心にはキリストの受難を想起させる赤い色のサビナビャクシン(*Juniperus sabina*)が置かれています(『中世の庭(*Jardins du Moyen Âge,* édition Le Léopard d' Or, 1995)』)。

3つの庭

平面図には修道院の構造に関する貴重な情報が掲載されており、修道士の生活やいくつもの工房、畜産物関連の建物(皮なめし、金銀細工、トリ小屋、ブタ小屋、ヤギ小屋など)の様子がうかがえます。ホルトゥルス(菜園)、ヘルブラリウス(薬草園)、墓地兼ポマリウス(果樹園)の3つの庭もあります。この三部構造は遅くともカロリング朝以降から現代にまで続く修道院の庭の特徴で、ザンクト・ガレンでは修道院東の囲いの近くに位置しています。薬草園はもっと小さく、北側の「医務室」あるいは「医師」の住居近くにあります。菜園は南側、庭担当修道士(ガルディナルスあるいはホルトゥラヌス)の家の前にあり、その横の果樹園よりはるかに小規模です。

菜園

図面上では、菜園や薬草園にいくつかの長方形が配されています。2つの境界溝に挟まれた各耕地には、栽培種の名がつけられていたと考えられます。菜園には2列x9列、計18の長方形があり、中央の小道には「Hic plantata holerum pulchre nascentia vernant(ここにて野菜はこの上なく見事に成長する)」と書かれています。18の栽培種のうち、少なくとも6つが芳香性植物です。

薬草園には中央に8つの長方形、柵沿いに8つ

1. 大修道院付属教会
2. クロイスター
3. 住居棟
4. 学習の場
5. 施療院と修練所
6. 薬草園
7. 墓地と果樹園
8. 菜園
9. 農場
10. 飼育小屋

ET LE POMMIER ?
リンゴの木は？

ザンクト・ガレン修道院の果樹園にはリンゴの木はありません。というのも、旧約聖書のエデンの園で人間を堕落させた原罪の木と考えられていたからです。中央の十字は生命の木で、埋葬された修道士の魂の救済と復活を約束する象徴です。ここにはラテン語で、「Inter ligna soli haec semper sanctissima crux est, / In qua perpetuae poma salutis olent. / Hanc circum lateant defuncta cadavera fratrum / Qua radiante iterum Regna poli accipiant（すべての木の中でもっとも神聖なる木は十字架なり、永遠の救いの果実は十字架にてかぐわしい香りを放つ、亡き兄弟たちの肉体はこの木のもと横たわり、天の御国を希求する）」と書かれています。

ルーカス・クラナッハ（子）作とされる《人間の堕落》。1549年。

の長方形があり、ローズマリー、フェヌグリーク、クミン、バラ、ユリなどの芳香植物が大半を占めていますが、ササゲ（あるいはソラマメ）も含まれています。

墓地と果樹園

果樹園は菜園のほぼ2倍の広さで、墓地としても利用されていました。実際には墓は14しかありませんが、敷地内の墓地はここだけだったので、敷地外に墓所があった場合は別にして、共同埋葬されていたのもしれません。図面では単純に長方形が記されていて、墓の間に果樹が植えられています。各木は渦巻き模様記号で示されており、渦巻きは葉を表していると考えられます。リンゴの木はなく、ゲッケイジュが確認できます。ゲッケイジュはその香り高い葉が利用されていたようですが、不死の象徴でもあり（常緑樹）、雷から身を守ってくれると古代人は考えていました。修道院中央には、サビナビャクシンを中心にしたクロイスターがあります。ここには何の説明もありませんが、植物が栽培されていたと考えられ、ここことが正真正銘の庭だった可能性もあります。

修道院の基準として……

縫い合わされた5枚の羊皮紙に赤と黒のインクで描かれたこの図面が、実際に9世紀のザンクト・ガレン修道院建設に利用されたのかどうかはともかく、その後数世紀にわたり設計・建設された多くの修道院施設、特に庭の設計基準となったことは事実です。

GENÉVRIER SABINE
サビナビャクシン

ザンクト・ガレン修道院の中心に、キリストの受難の象徴とはいえ、サビナビャクシンが植えられていたことは、意外に思えます。というのも、この針葉樹は古代から堕胎薬として知られていたからです。しかし御料地令でも言及され、悪魔や悪霊を追い払う力があると信じられていました。煙には浄化作用があるとされ、室内で漿果が燃やされていました。

アルベルトゥス・マグヌス（1200頃-80年）

BOTANIQUE MÉDIÉVALE
中世の植物学

中世の植物関連の書物の多くは、古代文書、とりわけアリストテレスと大プリニウスの文書を原典としますが、実用性や栽培法はないがしろにされがちでした。13世紀のアルベルトゥス・マグヌスは植物の真の性質について考察し、本当に生物であるのか、だとしたら、たとえば睡眠能力があるのかといった疑問を検証しました。さらにさかのぼった6世紀には、セビリアのイシドールスが語源学を取り入れて、植物名をもとにその特徴や効用を検証しました。

ニワシロユリ（*Lilium candidum*）摘み。イタリア語版『健康全書』より。14世紀末。

L'*HORTULUS* DE STRABON

ストラボのホルトゥルス

かつての修道院の庭が実際にどのようなものであったのか、
ヒントを与えてくれる重要な文書はいくつかあります。御料地令、
修道院図面に次ぐ3つ目にあたる文書の著者が、ヴァルフリド・ストラボ(809年頃-49年)です。

ストラボは教養豊かな修道士で、ドイツ、カッセル近くのフルダ修道院に入り、一流の神学者たちと交わり、図書館で膨大な蔵書に囲まれて学びました。その後、帝国宮廷で家庭教師を務め、コンスタンツ湖近くのライヒェナウ修道院に入り、後年修道院長に就任しました。ここは対岸にあるザンクト・ガレン修道院と非常に緊密な関係にある修道院です。彼の著書のうち、840年に書いた『ホルトゥルス(*Hortulus, Liber de cultura hortorum*)』はザンクト・ガレン修道院で言及されている14種を含めた24の薬草、芳香性植物、食用植物、さらにモモやニワトコを含む14の果樹にささげられた詩です。次に挙げる一節は、彼の詩作のインスピレーション源や、象徴に基づく認識の一端をうかがわせます。

板塀で囲まれた庭で花を摘み、中世のジョウロ〔シャントプリュール、p73参照〕で水やりをする女性たち。ストラボ『ホルトゥルス』の彩色挿絵。

ユリとバラ
比類なきこの2つの花は
教会の栄光に満ちた勝利を永遠に象徴している
殉教者は血の中からバラの花束を摘み
勝利を収めた信仰の純潔の中でユリを手にする
おお、聖処女よ、繁栄せし子孫の母よ(中略)
戦いによりバラを摘み、幸いなる平和によりユリを手にせよ(後略)

(『修道院の庭、神秘の庭、中世修道院の庭の配置と意味(Bernard Beck, « Jardin monastique, jardin mystique. Ordonnance et signification des jardins monastiques médiévaux », dans *Revue d'histoire de la pharmacie*, 2000)』での引用)

彼はホルトゥス・コンクルスス(囲われた庭)の象徴について論じ、聖母マリア信仰と神秘のバラを謳いました(次ページ見開き参照)。

ラインラントの工房の親方による《小庭の聖母》作者不詳。16世紀。ストラスブール、ノートルダム美術館蔵。バラに囲まれたマリアの頭には花で飾られた頭光があり、八重咲の紅バラを1本手にしている。

LA ROSE & L'HORTUS CONCLUSUS

バラとホルトゥス・コンクルスス（囲われた庭）

バラはユリと並び御料地令の中で言及されている数少ない花の一つです。白くかぐわしいユリは、聖書の中で純潔、無垢、神との近さ、昇天の象徴として何度も登場し、修道院でも尊い花とされ、マリア信仰と結び付けられるようになりました。マリア信仰は4世紀以降、徐々に普及しました。ローマの女神キュベレー信仰がすたれ、貞淑を象徴する母性的な女性像が不在になると、初期キリスト教徒たちがマリア信仰でこの空白を埋めようとした、というのが定説です。マリアの存在をめぐっては神学議論が何度も交わされ、431年のエフェソス公会議をはじめとする教会会議でも中心議題として取り上げられました。マリア信仰は信者の間でも修道院でも飛躍的発展を遂げ、教会や公共の場には聖母像や図像が増え続けました。そこでマリアの象徴として用いられたのがバラです。バラは完璧、再生、豊穣を表し、新エバとされたマリアにこそふさわしい花だったのです。トゲのあるバラはキリストのイバラの冠を想起させ、イエスの象徴となる一方、マリアは王国のシンボルであるバラの冠姿で描かれるようになります。トゲは原罪の象徴ですが、罪を背負わぬまま生まれ、妊娠したマリア自身が「トゲのないバラ」なのです。これが無原罪の御宿りの概念へとつながり、ごく早いうちに普及し、激論を経て、14世紀頃にキリスト教会の基本原則となりました。ただし教皇庁がこれを教義として発布したのは1854年になってからのことです。マリアを指す「神秘のバラ」とは非常に古い詠唱祈祷、マリアの連祷〔あるいはロレトの連祷〕から来る表現で、愛を描いた旧約聖書『雅歌』の一節「わが妹、わが花嫁は閉じた園」〔4章12節〕もマリアを指す言葉として使われるようになりました。ロザリオの祈祷とは、ロザリオの祈りを唱えるマリア信仰の一形態で、13世紀あるいは14世紀頃に生まれました。その基本となるのがバラの象徴で、これが発展して、15世紀頃にはいくつもの修道院でホルトゥス・コンクルスス（囲われた庭）が登場しました。これはエデンの園の暗示でもあり、象徴に満ちています。その中心となるのがバラで、ボッティチェリ（八重咲のバラが描かれた《バラ園の聖母》1469年）、マルティン・ショーンガウアー（半八重咲の赤いバラが描かれた《バラの茂みの聖母》1473年）など、多くの画家が咲き乱れる花に囲まれた空間を描きました。

ミケリーノ・ダ・ベソッツォ《バラの園の聖母》。1435年頃。ヴェローナ、カステルヴェッキオ美術館蔵。ホルトゥス・コンクルスス（囲われた庭）で不死の象徴クジャクに囲まれ、アレクサンドリアの聖カタリナと共に描かれたマリア。

SIMPLICITÉ
et recueillement

簡素さと内省

UNE ORGANISATION SOBRE

簡素な構成

小道で隔てられた菜園の構成は機能的かつ合理的で、庭仕事の効率を上げると同時に、スピリチュアル的にも簡素で、禁欲的でさえあります。

薬草を選定する医師。ギヨーム・ド・ロリス、ジャン・ド・マン『薔薇物語』(13世紀)の挿絵。1500年頃。ロンドン、大英博物館蔵。

正方形

修道院の庭の美はどこか矛盾をはらんでいます。目立つ植物が植えられているわけでもなければ、特段華やかな植物があるわけでもなく、花も不在と言っていいほどです。しかし黙想は類まれな喜びをもたらします。その源はどこにあるのでしょう。それは正方形と長方形に基づく規則正しい幾何学的構造ではないでしょうか。構成はすっきりとしていて、直線的な小道が交差しています。区画割合の基本となるのは栽培条件という必要性で、正方形は中心にアクセスしやすい大きさに設定されていて、植物をしっかりと手入れできます。小道には充分な幅がとられており、作業者は自由に行き来できて、庭作業も快適に行えます。栽培植物は最良の条件下で成長するよう、充分な距離を取って規則正しく植えられています。こうした簡素で調和がとれて安定した環境の中で、野菜や薬草は秘められた美を明らかにし、正方形に植えられたキャベツや葉菜は、美という価値をまとうようになります。バランスと左右対称の支配する環境において、あらゆるもの、あらゆる植物種はしかるべき位置にあり、静謐で幸福感に満ちた場を生み出すのです。

菜園や薬草園には陽光がたっぷりと差し、健康な植物が育ちますが、壁際、小木、特殊な構造物、囲い網、日よけの下には影が差します。特に高温地域の陽光は、葉菜などの繊細な葉物野菜にはあまりに過酷です。日陰でなら、暖かくなり始めた小春日和を楽しんだり、美しい夏の宵や夜明けを眺めたりすることができます。

ブルターニュ公ピエール2世の工房の親方による《ジョルジュ・ド・シャトランによる夢の書（*Un songe mis en livre par Georges de Chasteaulens*）》羊皮紙。15世紀。

虫の音が響き、鳥が住む一角は、魂の内に向かって完全に閉じています。植え替えや水やりに追われていた昔の修道士や修道女も、美しい季節の午後にはこうした場所で安らぎを得、黙想していたのではないでしょうか。菜園であろうと果樹園であろうと、修道院の庭はつねに世間から隔絶し、囲いに取り巻かれていたのです。

囲いと縁取り

中世の修道院の庭は閉鎖的で、俗世から隔絶していて守られています。こうした特性は、庭の魅力の一要素であり、修道院生活の規則から来る必然性でもあります。平穏と安らぎを感じるには、庭の囲いが不可欠です。囲いのおかげで、庭は共同体のくつろぎの場、自我を取り戻す入り口、修道士や修道女の黙想の場、安らぎの空間、俗世からの逃げ場、庭を散策する現代の俗人にとっては熟考と内省の場となるのです。壁、板塀、生け垣は人間の背よりも高いため、外界（都市あるいは田園）を完全に遮断します。そのため、中にいる人のまなざしは必然的に空へと向けられ、教会の鐘や近くの木の葉が目に入ってきます。

天と地

一般的に、庭は自然よりも天へと開いています。とはいえ、自然は神の完璧さの痕跡をとどめていて、人間の手が加えられた庭の構造は（人々が想像するエデンの園のように）、森やイバラの茂みのような自然のままの状態よりもさらに完璧です。完全に閉ざされた庭の背景と聞いて現代人が思い浮かべるのは、青空と流れる雲で、向かい合った空と地は、些事から隔たった遥か彼方へと人々をいざないます。

二重の囲い

修道院では「囲い」という言葉は特別な意味を帯びていて、修道士や修道女のためだけの空間を指します。共同体生活の根幹をなす概念であり、各成員は俗世からの隠棲という個人的選択を通して、この概念を実現します。理論上、スピリチュアルな意味での「囲い」は「閉じて」おり、修道院は部外者にとっての禁域となり、修道士や修道女の外出を禁じます。「囲い」は時代を経るごとに具現化し、16世紀頃には、乗り越えられないほど高い壁や二重、三重の格子、厳重な錠の扉（鍵は門番の管理）が設置され、修道士たちの逃亡を阻止しました。

こうして庭は二重に囲まれることになったのです。一つは修道院の物理的･精神的囲い、もう一つは植物栽培のための空間を区切る物理的囲いです。庭の囲いは頑丈で、効果的でなければなりません。というのも多くの場合、栽培区画はザンクト･ガレン修道院平面図にもあるように、修道院の端に位置しており、部外者の侵入を阻止せねばならないからです。囲いは、風やネズミやウサギなどの害獣から守る役割も担っています。典型的な修道院の庭とは、囲いの中にある閉ざされた空間で、それゆえ世界とはかけ離れた場、いわばごく内密な聖なる領域、魂の逃げ場、オアシスという性質が生まれました。しかし中には、特に急峻な地形などの実用的な理由から、修道院の壁の外に庭がつくられることもありました。その場合、囲いはなおさら効果的で鉄壁でなければなりません。さもなくば、栽培物が盗まれたり、ノロ、シカ、イノシシなどの動物に荒らされたりしまいかねません。

ロシア、モスクワ近くのセルギエフ・ポサード教会周辺で木の柵を設置するラドネジのセルギイ。アンドレイ・ルブリョフ（1370頃 -1430年）。

ピエトロ・デル・クレセンツィ（1230 -1320年）『ルスティカンあるいは農作業の書』に描かれた囲われた庭。

頑丈な壁

庭、とくに菜園（ホルトゥルス）の壁はレンガづくりのことが多く、視線を遮り、プライベートな空間を守るのに充分な高さでした。風や寒さを遮る効果もある上、レンガは日中に蓄熱し、夜間に放熱するので、さほど強くない植物種も育ちます。壁はたいていごく単純な組積みで、漆喰は塗られず、横方向に半個分ずらして積まれ、石灰と砂のモルタルで接合されます。

生け垣

修道院内の庭の境界沿いには、生け垣も植えられていて、背の低い生け垣は区画の仕切りとして用いられました。頑丈な壁は風を遮って渦や旋風を引き起こすのに対し、生け垣は風をやわらげるので、より効果的に庭を守るという利点があります。同時に寄生虫や害獣の生体数の制限に一役買う鳥の巣づくりの場所でもあり、ナメクジやカタツムリを捕食するハリネズミやアシナシトカゲの住処でもあります。修道院の常緑樹の生け垣はたいてい刈り込まれていて、すっきりとした直線や幾何学的配置が調和のとれた空間を生みます。落葉性植物の生け垣も定期的に手入れされ、切り戻されていたはずです。生け垣が柵や壁よりも高く成長することもありました。

刈り込まれたセイヨウツゲ（*Buxus sempervirens*）は、ルネサンスや古典時代の庭に多用されていたようで、多くの修道院の庭や復元された現代の庭にもよく見られます。菜園の正方形の「畑」が、必ずしもロワール地方ヴィランドリー城の菜園のように、丁寧に刈り込まれた灌木に囲まれていたわけではありませんが、セイヨウツゲは非常に有効な仕切りであり、放っておけば5-6mの高さに達するため、背の高い垣根にもなります。木材としてはとても堅いため、道具類の柄に使われます。

適度に暖かい地域では、ギンバイカ（*Myrtus communis*）の生け垣が多くあります。たっぷりとした葉ぶりの常緑樹で、夏に咲く白い花は香り高く、黒い漿果は鳥を呼び寄せ、リキュールの香りづけにも使われます。また薬草として料理でも活躍します。

ゲッケイジュ（*Laurus nobilis*）とトキワガマズミ（*Viburnum tinus*）も、特に温暖な地域で多用される常緑樹です。極めて強力に土地を守ってくれるセイヨウヒイラギ（*Ilex aquifolium*）、セイヨウマユミ（ *Euonymus europaeus* ）も同様です。落葉性植物は果実や液果をつけ（一部は食用可）、小枝の柵（枝を編んでつくった緑や塀）や台所の暖炉用木材にもなります。みっしりと茂る葉は、施肥となる腐葉土や、動物のエサとして使われました。ザンクト・ガレン修道院をはじめとして多くの修道院には、ヤギ小屋やウサギ小屋、ブタ小屋、ヒツジ小屋がありました。セイヨウハシバミ（ *Corylus avellana*）は果実、セイヨウニワトコ（ *Sambucus nigra* ）は料理や薬用、セイヨウイソノキ（*Frangula dodonei*）は薬用として重宝されました。

エヴラール・ド・コンティ『愛の挫折』に掲載されたロビネ・テスタールの写本装飾。1496-98年頃。

TOPIAIRES ET MONASTÈRES
トピアリーと修道院

トピアリーとは植物を規則的な形に刈り込むことで、その起源は太古にさかのぼります。すでに紀元前330年頃には、バビロンの庭でツゲが刈り込まれ、ローマ時代にも、キケロ（紀元前1世紀）や小プリニウス（63-114年頃）がこうした植物に言及しました。小プリニウスの叙述した庭では、低木（おそらくツゲあるいはギンバイカ）がアルファベットの形に刈り込まれて、所有者の名前を表していたとか。その後西ローマ帝国は衰退し、476年に皇帝ロムルス・アウグストゥルスの退位をもって滅亡し、巧緻なトピアリー技術も個人宅や俗世の庭からほぼ消滅しましたが、修道院では生き続けたようです。ツゲやギンバイカは小型鉈鎌で刈り込まれ、背の低い生け垣にされていました。「奇抜な」形は廃れたものの、いくつかの修道院では、十字の形の仕立てが続いていました。現代ではコート・ドール県マルマーニュのフォントネー修道院（シトー会）など、一部の修道院や大修道院の庭で手の込んだトピアリーが見られます。ただしこれらは一目見れば明らかなように、復元ではなく現代のデザインです。

料理や薬用のスピノサスモモ（*Prunus spinosa*）やセイヨウメギ（*Berberis vulgaris*）やイヌバラ（*Rosa canina*）、薬用のヒトシベサンザシ（*Crataegus monogyna*）も敷地を守ってくれます。ゲラルド・スタルニーナ次いでフラ・アンジェリコ作と推定された絵画《テーバイド》（1420年）には、広葉樹の低木に囲まれた小さな庭で働く2人の修道士の姿が描かれています。

生け垣は生木の小枝を編んでつくった柵で、枯れた小枝を編んだ柴垣とは異なります。後者は現代では広く「小枝の柵（プレシ）（plessis）」と呼ばれていますが、前者に比べるともちが劣ります。プレサージュと呼ばれる仕立法〔英語ではプリーチング〕は多くの修道院や大修道院で実践されていて、ロワイヨモン修道院をはじめとする修道院の復元庭園にも編んでつくった柵があり、部外者や動物が入ってこられないほどの高さのものもあります。基本となるのは定間隔で直線的に植えられた低木で、幹に切込みを入れて編み、長い棒状の枝を垂直に織り込んで強度を出します。成長するにつれ密度と強度が高まり、締まった植物の遮蔽物になります。編んだ柵（モルヴァン地方では「プレシ（pléchies）」とも）は背が高いものと低いものの両方があり、ヤナギが使われることが多いのですが、ブナ、ハシバミ、ナラ、スピノサスモモ、サンザシもあります。ナギイカダ（*Ruscus aculeatus*）の生け垣は背が低く、トゲがたくさんあります。

板塀

板塀は中世の庭や修道院の庭を描いた図像にたびたび登場します。その代表が、ヴァルフリド・ストラボ著『ホルトゥルス』の、16世紀頃の修道女たちを描いた版画です。板塀は古代にさかのぼる構造物で、その頑丈さはローマ軍の野営地で証

Le premier chapitre du premier livre p
le de dieu le souverain.

n commencant
a declairer aucu
nes choses des pro
prietez et des na
tures des choses
tant espirituelles
comme corporelles
Nous prendrons
nre commencement a celui qui est

nuiciees aidance a lumiere · vne
ner a bonne consumacion ceste
uvre que a sa loenge et au prou
qui la liuont iay recueillie et no
labour de divers dis des sains et
phetes le ii^e. chapitre parle de l
la divine essence et de la plur

l est donc persones
si comme dit innocent
dieu pardurable sanz n

明済みです。丈夫で外に置いておける耐久性のあるクリの木が伝統的に用いられました。

小枝の柵

木を編んでつくった柵は柴垣とも呼ばれ、14世紀の『健康全書』の多数の挿絵からもわかるように、修道院の庭で広範に用いられていました。復元された中世の庭や修道院の庭でも多用され、特に一段高くなった菜園区画の縁取りや、背の低い塀や仕切りとして使われます。小枝の柵にはいろいろなテクニックがありますが、杭（垂直材）を一定の間隔で立てて、比較的細長い棒状の枝を前後しながら垂直に入れていくのが定番です。菱形に編むテクニックもあり、悪天候にも強いクリの木や、しなやかなヤナギのほか、ハンノキやトネリコなど充分な柔軟性のある木材が使われます。木材により耐久年数は異なり（3-10年）、地中の杭から弱ってきますが、本体はそのままで杭だけ交換できます。

束柴

枯れ木や細枝をひもで縛った束は束柴と呼ばれ、栽培区画の縁取りや柵に使われます。杭を平行に2列並べ、その間に束柴を重ねたものは柴垣で、中世では、特に包囲戦で防衛設備として用いられました。

小枝の柵に囲まれた園で薬草を摘む薬剤師と見習い。イタリア語版『健康全書』より。14世紀末。

小道

12世紀の『単純医薬書（*Liber de simplici medicina*）』は、プラテアリウスがディオスコリデスを参考に著したとされる書で、15世紀に翻訳・印刷されました。この書では、薬草は大きな石の鉢で栽培されていて、周りは石の舗床です。硬く舗装されたこうした小道は、中世の庭には珍しかったはずです。14世紀末-15世紀の『健康全書』の挿絵では小道の様子がわかりませんが、幅が広かったことは確かです。修道院の庭がたいてい壁に囲まれて手狭だったこと考えると、この幅の広さは矛盾しているようにも思えますが、すでに13世紀には存在が確認されている手押し車が通るくらいの幅はあったのでしょう。土は雨が降るとぬかるみになるので、砂かあるいは砂利が敷かれていたと考えられます。

LES DIFFÉRENTS JARDINS DU MONASTÈRE

様々な修道院の庭

修道院ごとに差異があり、変化を経てはいても、ザンクト・ガレン修道院平面図や古代文書や挿絵からもわかるように、庭はたいてい菜園、各園、薬草園に分かれます。しかしそれも、決して固定的だったわけではありません。前者二つには、修道士・修道女の共同体のための農産物収穫という実用的かつ経済的な目的があり、後者は修道士たちだけでなく、一般の人々、貧者、農民、農奴、自由農民の治療を目的としていました。

畑での非結球キャベツの収穫。イタリア語版『健康全書』より。14世紀末。

LE MESNAGIER DE PARIS

パリの家政案内

『パリの家政案内（*Le Mesnagier de Paris*）』は14世紀に書かれ、1846年にジェローム・ピションによりフランス読書協会のために刊行された本で、ある裕福なパリのブルジョワ男性（おそらく年配）が若い妻に、家を切り盛りするコツを伝授する内容です。道徳的指導や模範的結婚生活についてはもちろん、料理や庭仕事についての助言も数多く掲載されています。とりわけ野菜や花の栽培に焦点が当てられており、当時の修道院や民間の庭師たちが経験を積んで豊富な知識を持っていたことがうかがえます。いくつか引用してみましょう。「まず、種をまいたり、植えたり、接ぎ木をしたりする場合は、高湿度の天候、太陽が熱を放つ前の夜か朝、月が欠ける時期に行うこと。葉ではなく、根元や土に水をやること」。花については、「マジョラムとスミレを冬の寒さから守るには、いきなり寒いところや湿ったところから暖かいところに移してはならない。冬の間湿った貯蔵室に入れておいた植物を、いきなり乾燥したところに出すと死んでしまう」とあります。

L'HORTULUS

ホルトゥルス：菜園

修道士は自分たちの食卓のために野菜を育てていました。
21世紀の私たちからすると、こうした菜園は平安と安らぎの場に見えますが、
西ヨーロッパ全域で栄養失調が当然だった時代において、
栽培は第一に生き延びるための手段でした。

たえまない飢饉の脅威

庭仕事担当の修道士にとって、野菜の栽培は決して娯楽などではなく、共同体が餓死しないよう、充分な収穫を上げることが至上命題でした。飢饉が珍しくなかった当時において、「餓死」は身近な脅威で、実際、ローマ帝国崩壊から近代まで、いえ、フランス革命期に至るまで、凶作や戦争、政変が原因で、農村部も都市も大規模な飢饉に幾度も襲われました。歴史家フェルナン・ブローデルは「何世紀もの間、飢饉は執拗なまでに繰り返し起こったため、人間の生物学的システムの中に組み込まれ、日常生活の一構造となった」と指摘しています(『物質文明・経済・資本主義 15-18世紀』)。すでに6世紀には、歴史家トゥールのグレゴリウスが悲惨な飢饉を記録しています。飢饉は繰り返し起こりました。14世紀初頭の小氷河期などの寒冷期や百年戦争（1337-1453年）の時代には、食人行為も記録され、1348年の黒死病のように、疫病が同時に流行することもありました。修道院は自らを現世のイェルサレム、天国の前兆、いわば独立した地上の一区画と規定し、このスピリチュアルな概念から派生して、自給自足を目指しましたが、こうした状況では、栽培はもはや戒律の目的のみならず絶対条件でもあったのです。

LES LÉGUMES DE SAINT-GALL
ザンクト・ガレン修道院の野菜

ザンクト・ガレン修道院平面図に登場する食用植物:セロリ、ニンニク、ディル、フダンソウ、チャービル、キャベツ、ネギ、コリアンダー、エシャロット、レタス、ニオイクロタネソウ、パースニップ、ケシ、パセリ、ポロネギ、クロダイコン、サマーセイボリー

ザンクト・ガレン修道院ではニンニクは栽培されていたが、アーティチョークもテーブルビートも栽培されていなかった（16-17世紀）。ロメインレタスは14世紀にイタリアから持ち込まれたと言われる。

野菜の栽培

ザンクト・ガレン修道院平面図では、強壮作用のある野菜はごくわずかです。つまり、食堂ではパンをひたしたスープや野菜スープの場合は別として、透明なスープが出されていたのでしょう。Porrosをポロネギと訳すかどうかについては確定しておらず、違う種だった可能性もあります。クロダイコンはホースラディッシュだったのかもしれません。また、カルドン（あるいはアーティチョーク）、コールラビ、マセロン、メロン、ニンジン、クレソン、キュウリ、ササゲ、ソラマメ、ヒヨコマメなどは、御料地令で推奨されていても、ここでは栽培されていません。御料地令のcarvitasはニンジンに相当する可能性もありますが、異論もあり、薬用に栽培されていたであろう野生種の白いニンジンだったとも考えられます。14世紀末の『パリの家政案内』には、「市場でふんだんに売られている赤い根」とありますが、これは細いニンジンだったのでしょうか。カブ〔フランス語でnavetナヴェ〕は当時nefとも呼ばれ、ローマ人にもおなじみでしたが、ザンクト・ガレン修道院平面図や御料地令の一覧にはなく、文中にnapibusの名で言及されているだけです。サルシファイ(農学者オリヴィエ・ド・セールは1600年に「セルシフィ(sersifi)」と呼んでいます)も出てきません。ホウレンソウは13世紀頃に持ち込まれましたが、広く消費されるようになったのはずっと後のことです。ルタバガは中世末期に北方から、キバナバラモンジンは17世紀末に持ち込まれました。

修道士たちの食卓

聖ベネディクトゥスの戒律は、食事はごく節度を持って、むしろ極端なまでの粗食を、と説いていますが、聖ベネディクトゥス自身は1日2食、温かい食事2皿と果物、柔らかい野菜をとるよう勧めています。彼は修道士に(病気のとき以外は)家禽を除く「四足動物の肉」の摂取を禁じましたが、817年のアーヘン教会会議ではこの点が議題に上がり、教会はそれ以前から存在する禁食や断食期、肉断ちの日を取り入れました。こうしたことを考え合わせると、修道院の食事は野菜中心だったと考えられます。しかし12世紀において、これは異例なことでした。というのも、多くの修道士の出身階級である貴族や富裕層の食生活は肉が中心だったからです。『パリの家政案内』に掲載されているレシピもほとんどが肉を含んでいて(「肉の日」)、肉抜きの日は魚が中心でした。たとえばカブも、豚肉などの肉類、あるいは魚のブイヨンで調理します。根や「草」すなわち葉を食べるのは農奴や自由農民だけで、一種の苦行とされ、パン、穀物粥、豆類は節食のための基本食材でした。12世紀のジェオフロワ・ル・グロは著書『聖ベルナール・ド・ティロン伝(*Vie de saint Bernard de Tiron*)』で、「すっかりパンがなくなって、草や根だけでしのぐしかなかったが、ベルナルドゥスの存在がなぐさめとなった。力を得た彼らはますます熱心に善行に励み、神の慈悲深いまなざしが向けられるのを感じた」と書いています(ベルナール・ベックによる引用)。

この文章からは、当時の修道士たちもパンを主食としていたことがわかります。修道院の庭には穀物はなかったのでしょうが、おそらく外部の畑で農民が栽培し、修道会によっては修道士たちが育てていたと思われます。12世紀においてコムギはまだ珍しく、オオムギ、エンバク、スペルトコムギのパンが主流で、雑穀やキビなどの穀物、もう少し時代が下るとライムギや、コムギとライムギの混合も食されるようになりました。また小麦粉をワラ、

アスパガラスの収穫。イタリア語版『健康全書』より。14世紀末。

粘土、粉砕した樹皮と混ぜた「飢饉の」パンや、ドングリ、エンドウマメ、ベッチ〔ソラマメ属の多くの豆の総称〕、クリの粉と混ぜたものもありました。修道士の食事の筆頭に挙げられるのはまず穀物、ついでマメ、メインディッシュはソラマメ、ヒヨコマメ、エンドウマメの粥か、あるいは一品料理でした。ベッチ、レンズマメ、ルピナスも栽培されていました。ササゲは黒い斑の入った白マメで、アフリカ原産と思われますが、すでに中世にはヨーロッパで広く栽培されていました。豆の種子には（穀物の種子同様）、長期間保存可能という大きな利点がありますが、畑での栽培は稀でした。当時、エンドウマメは新鮮なままではなく、必ず乾燥させてから食べていました。

冬の間食糧が減ることを考えれば、保存が死活問題だったことは容易に想像できるでしょう。塩漬けの豚肉や家禽類、養殖の魚は重宝されたでしょうし、穀物、豆類、根菜類（カブ、パースニップなど）は地下倉（開口部の狭い穴）に保管されていました。地下倉は農業が始まった頃から存在が確認されており、中世には広く利用されていました。ジェルス県ジモンのプランセルヴ大修道院、タルヌ＝エ＝ガロンヌ県コルド＝トロザンヌのベルペルシュ大修道院（15世紀の地下倉）、ヴァンデ地方のメルゼ大修道院など、修道院や大修道院には自前の地下倉がありました。またキャベツやポロネギ、根菜類は、菜園での長期保存が可能です。

一時期、修道院の食生活が逸脱したことは知られていて、文人ラブレーは『ガルガンチュワ物語パンタグリュエル物語』の中で、大酒呑みで大食漢のジャン・デ・ザントムール修道士を通して痛烈に彼らを笑いましたが、カルトゥジオ会など最も厳格な修道会をはじめとしてほとんどの会の戒律では、菜食が義務付けられていました。

LA LENTE PROGRESSION DE L'AUBERGINE

ナスの緩慢な普及

修道院の庭も含め、ルネサンスや古典時代の庭で栽培されていた食用植物は驚くほど代わり映えせず、ほとんど目新しいものはありませんでした。観賞用植物はすんなりと観賞用庭園に取り入れられたのに対し、異国から持ち込まれた新しい野菜への不信感は根強く残りました。菜園でナスが栽培されるようになるまでの経緯からもそれは明らかですが、これは何もナスに限ったことではありません。トマト、ジャガイモ、ピーマンなどの同科（ナス科）の植物種とは違い、ナス（*Solanum melongena*）はアジア原産で、インドや中国では非常に昔から栽培されていましたが、おそらく8-9世紀にアラブ人により地中海地域に持ち込まれ、当時アラブ人が暮らしていたアンダルシアやイベリア半島の一部地域で栽培が確立されました。13世紀のアンダルシア料理の本にも何度も登場しますが、南イタリアの庭で栽培されるようになったのは14世紀、北イタリアではさらにずっと後のことです。フランス南西部パヴィで14世紀末に制作された挿絵入りの『健康全書』にもナスが出てきますが、なんと木の枝から生えています。この果菜はなかなか料理に取り入れられず、14世紀のイタリアでは、ラテン語のmela insanaにちなんでメロンジアーナ（まずいリンゴ）と呼ばれました。ようやく15世紀になって、イタリア料理人マルティーノによる料理書で紹介されましたが、ポルトガルやスペインではすでに同時代やルネサンス時代に食べられていました。さらに北に目を向ければ、13世紀にケルンのアルベルトゥス・マグヌスやヒルデガルト・フォン・ビンゲンの著書や、その他の書で言及されています。薬用植物として利用されることもあったものの、食べない方がいいと信じられ、野菜としてはひどくゆっくりとスペインやイタリアから北上して普及しました。18世紀にはプロヴァンスに広まりましたが、パリの市場に登場したのはようやく1835年になってからのことで、ロワール川以北で本格的に消費されるようになったのは何と1960年代になってからのことです。

L'HERBULARIUS

ヘルブラリウス：薬草園

ザンクト・ガレン修道院平面図の、薬草園は「医療複合施設」内部、
病人専用の「瀉血と下剤処置室」や治療室を擁するクロイスター近くにありました。

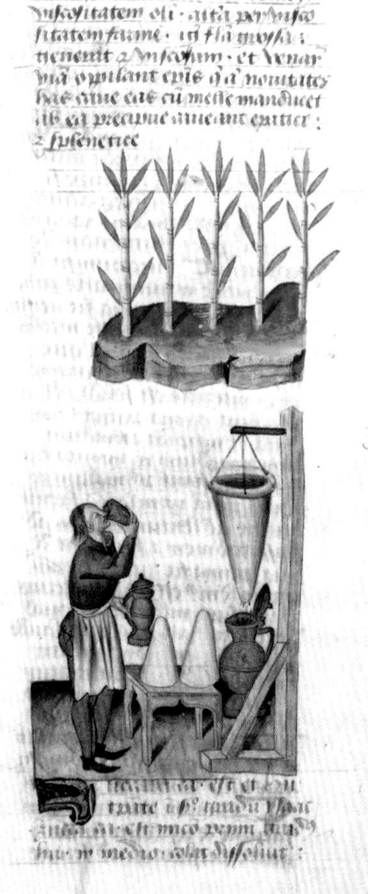

治療

聖ベネディクトゥスの戒律には、病気の修道士の扱いについてこう明記されています。「第一に、病身の兄弟の世話をせねばならない。キリストに仕えるのと同様に彼らに仕えること」。戒律は恵まれない人も温かく迎えるようにと説いており(「やってくるすべての客をキリスト同様に遇すること」)、修道院では多くの部外者が治療を受けていました。カール大帝の御料地令やザンクト・ガレン修道院平面図に多くの薬草が記載されていることからも、ベネディクト会修道士たちが医学、特に薬用植物療法を重視していたことがうかがえます。癒しの植物、すなわち薬草に関する彼らの知識は、多分に経験と実践的な伝統に負っていますが、同時に古代の遺産でもあり、モンテ・カッシーノをはじめとするイタリアの修道院とサレルノ医学校により受け継がれ、伝えられました。

ヒルデガルトの薬

ヒルデガルト・フォン・ビンゲン(1098-1179年)が著した多数の書は、西ヨーロッパで修道制度が重大な発展を遂げた12世紀の薬草園が実際にはどのような様子だったのか、またどのような概念や思想が根底に横たわっているのかについてのヒントを与えてくれます。

貴族出身のヒルデガルトは幼い頃に、マインツ近くのディジボーデンベルクにあるベネディクト会修道院に入れられ、知性、文学、詩、神学、科学の分野で卓越な冴えを見せると共に、幻視を見、その様子を記録しました。植物に関する書もあり(『フィジカ』第1巻)、複数の修道院を設立した際も庭づくりを手がけたと考えられます。著書には御料地令で挙げられている薬草がすべて出てきますが、それだけにとどまらず、実に213種類もの薬草が登場します。しかしラテン語ではなく当時のドイツ語で書かれている上、ハチミツや砂糖も植物に分類されているため、識別が難しい場合もあります。彼女は、健康によく、人間の中の神に近い部分を表すと思われる優れた薬草と、薬草園にとっては余計な、無用で悪魔的な性質を隠しきれない植物とを分けて考え、植物界には善と悪、神と悪魔が存在し、戦っていると論じました。悪魔

LE MOINE AUX CHAMPS
畑の修道士

「修道士はつねに謙遜な心を示し、他者の目から見て肉体にもそれが表れるようにすべきである。すなわち礼拝でも、瞑想の場でも、修道院の各所、庭でも、道でも、畑でも、あらゆるところで、座っていようと、歩いていようと、立っていようと、うつむき、目を伏せていなければならない」。この聖ベネディクトゥスの戒律からは、修道士たちも畑仕事に参加していて、畑は敷地外にあっただろうことがうかがえます。

が毛嫌いするシダなどの植物が呪いを払いのけるのもそのためです。

神は植物に自らの痕跡を残し、人間にその植物の薬用効果を示している。これは「薬能形態論〔特徴類似説とも〕」と呼ばれる古代からの概念で、16世紀にパラケルススにより体系化されました。こうして、小宇宙と大宇宙、人体組織と世界の間の直接的関係が確立されたのです。もっともよく知られている薬能形態の例がプルモナリア〔ヒメムラサキ〕で、葉の白い斑が肺胞に似ていることから、肺疾患に有効とされました。

プルモナリア・オフィキナリス（*Pulmonaria officinalis*）

ヒルデガルトは四体液説も採用しています。この説によれば、体液には熱・冷・乾・湿の四つがあり、やはり同じ性質を持つ植物を適切に選ぶことにより、様々な疾患を治療できます。ヒルデガルトの著書では、ドルイド〔古代ケルトの神官〕や民間療法の様々な伝統と古代の遺産が交じり合っています。彼女の勧める薬はたいてい調合薬で、中には数種の植物を砕いたり、水やワインで加熱したり、ペースト状や粒状に還元したりと複雑なものもあります。

ヒルデガルトや当時の大修道院の薬草園では、多種の植物が緻密に配置され、丁寧に栽培されていて、収穫、乾燥された葉が正確に分類、保存されていたのではないでしょうか。

ザンクト・ガレン修道院の老齢や病身の修道士も、薬草園でくつろぎ、その香りを吸っていたのかもしれません。フランス南西部ブラントーム大修道院にあるような石づくりの休憩所やベンチもきっと設置されていたでしょう。言うまでもなく、治療には祈祷が欠かせず、ヒルデガルトも、煎じ薬や治療薬を飲みながら祈祷を唱えるよう勧めました。というのも往々にして、病気は部分的に罪と結び付いていると考えられていたからです。12世紀初頭の修道士ゴティエ・ド・コワンシーも、長い詩を通してこうした考えを表現しました（『中世の病と信仰（Lydia Bonnaventure, *La Maladie et la Foi au Moyen Âge*）』で引用）。

サレルノ医学校の様子。アヴィケンナ（980-1037年）『医学典範』の挿絵。14-15世紀。

L'ÉCOLE DE SALERNE ET LES MONASTÈRES

サレルノ医学校と修道院

9世紀、イタリア、サレルノの町に医学校が設立されました。当時のサレルノは繁栄を謳歌し、多くの修道院や女子修道院がありました。医学校は古代、とりわけヒポクラテス、ガレノス、ディオスコリデスなどの医学者の知見を受け継ぐと同時に、聖ベネディクトゥスがモンテ・カッシーノに設立した修道院に保管されている写本や、シチリアからもたらされたアラブ医学の写本を取り入れました。医学校は11世紀に最盛期を迎え、多くの修道士が学び、修道院に知識を持ち帰って、実践しました。しかし時代と共にモンペリエ大学などで遺体解剖を通した民間医学が教授されるようになり、薬草知識を基本とする修道院の医学から分離していきました。カトリック教会は徐々に、聖職者は身体よりも魂の救済に集中すべきであるとの姿勢を取るようになり、1163年のトゥール教会会議では、「教会は血を忌む（Ecclesia abhorret a sanguine）」と布告され、聖職者に外科療法を禁じました。このため理髪師が、部分的に外科療法を担うことになったのです。

LE *POMMARIUS*

ポマリウス：果樹園

果樹園〔現代フランス語でヴェルジェ〕は、ラテン語で「緑の空間」を意味するウィリダリウム（**viridarium**）、あるいは古フランス語でヴェルジエとも呼ばれていました。

最大の庭

修道士たちの「粗末な」食生活において、果物は非常に重要でした。ザンクト・ガレン修道院の3つの庭のうち、墓地を兼ねる果樹園が最大なのも偶然ではありません。アーモンド、クリ、マルメロ、イチジク、ゲッケイジュ、クワ、セイヨウカリン、ハシバミ、クルミ、モモ、洋ナシ、スモモ、セイヨウナナカマドの13種の果樹がここで栽培されていました。

まずここで栽培されていない果樹に注目しましょう。リンゴの木がないのは、前述のようにアダムとエバを罪に追いやったからです。9世紀のザンクト・ガレン地域ではサクラの木が生育していましたが、修道院の庭に不在なのは、結実期間があまりに短かったからでしょうか。しかし御料地令では言及されていますし、800年にカール大帝がフランス北部アンナップの新大修道院付属教会を訪問した際に作成された領地目録にも記載されています。ザンクト・ガレン修道院にはアンズの木もありません。アンズがフランスに入ってきたのは、14-15世紀のことです。

長期保存が可能な果物

長期保存が可能な果物はナッツ類、冬の果物（セイヨウカリン）、簡単に乾燥できるもの（イチジク）、ハチミツ漬け（マルメロやセイヨウナナカマド）など様々です。アルコールに漬ける習慣が生まれたのは15世紀です。ここで重要な点は、アーモンド、洋ナシ、ハシバミの木とは違って、クルミとクリは大きく成長する木であることです。ザンクト・ガレン修道院の果樹園では、果樹が規則正しい間隔で配置されていますが、つまりは成木のサイズと相いれない現実離れした設計ということになります。おそらく図面は目安程度だったのでしょう。

ところでなぜ果樹園は墓地を兼ねていたのでしょうか。もちろん、ここには象徴的意味があります。毎年花が咲き、実がなる樹木は再生、復活、永遠の命を表しているのです。

イチジクの収穫の風景。イタリア語版『健康全書』より。14世紀末。

LE VERGER D'ALBERT LE GRAND

アルベルトゥス・マグヌスの果樹園

13世紀ドイツのドミニコ会修道士アルベルトゥス・マグヌスは一級の神学者、教養人（アリストテレスの著作を普及させたのも彼です）、知識人であり、あらゆる博物学に興味を注ぎました。著書『植物について（*De vegetabil ibus*）』の中の庭づくりのアドバイスには、果樹園には第一に「細い芝草を入れること（中略）。緑色のカーペットのように、一糸乱れない表面に仕立てること。南端の一角に木を植える。洋ナシ、リンゴ、イチジク、ゲッケイジュ、イトスギ、同属の木を植え、ブドウの木を絡ませれば、葉が芝草を保護して、心地よく涼やかな木陰となる。芝草の裏には、たくさんの香草や薬草を植える。たとえば嗅覚を楽しませてくれる香り豊かなヘンルーダ、セージ、バジルである。さらにスミレ、オダマキ、ユリ、バラ、アヤメ、類似の花を植えること」とあり、腰かけて精神を落ち着けられるように、盛り土をして青々とした花の咲き乱れる一角をつくるとよいと説いています（『古代及び中世のバラ（Charles Joret, *La Rose dans l'Antiquité et au Moyen Âge*, édition Bouillon, 1892）』で引用）。

LE JARDIN DU CLOÎTRE

クロイスターの庭

これまでの3つの庭とは違って、クロイスターの庭には生産機能はありません。
クロイスターはたいてい修道院の中心に位置しており、語源が示すように、
閉じた空間を意味します〔「クロ」は「閉じた」の意〕。
修道院生活はこの語が指す精神的「囲い」を象徴し、その根底には、
俗世を捨て、魂を見つめながら生きる決意が横たわっています。

象徴的空間

建築学上、クロイスターの庭は情報伝達と通行の場であり、敷地内を移動する際に通ります。伝統的に、四辺に屋根のかかった回廊があります。

同時に極めて象徴な空間でもあり、たいてい正方形です（特にシトー会）。というのも、正方形は身体、知、精神性、他者との関係という人間の四つの「面」を表しているからで、最後の関係性は、客人や訪問者を迎える建物に通じています。

庭は天国を暗示しており、正方形に切り取られて観察者の足元で天を映す一種の鏡です。すべての植物が支配されなければならないのもこのためで、人間は神の創造物として自然を制御する義務を担っています。

庭を構成する２本の小道

中世のクロイスターの庭についてはほとんど何もわかっておらず、ザンクト・ガレン修道院平面図さえもヒントになりません。質素のモットーに忠実に、地面はむき出しだったと考えられます。

しかし歴史学者ベルナール・ベックも指摘しているように、通常、庭を構成するのは「２本の小道で、直角に交差し、世界の四つの軸と四つの果てを示して」いました。中央部には噴水が配され、「『創世記』に出てくる地上の楽園に流れる4つの川を象徴するように、4点から水が噴射していた」ようです。

復元されたクロイスターの庭には緻密に配置された花壇があり、顕花植物が植えられています。特にたくさんの象徴が込められたバラと、縁取り用の低木です。

ET LES FLEURS ?

花は？

御料地令で言及される顕花植物は主にバラ、
ユリ、アヤメで、いずれも薬用効果を重視して栽培されていました。

花は飾り？

ザンクト・ガレン修道院にもユリやバラが植えられていました。けれどもケシ、ゼニアオイ、キンセンカ、カモミールなど、美しい花を咲かせる薬用植物は数えきれないほどあります。修道士たちは花の美しさに目を奪われ、教会や祭壇の装飾に使っていたのでしょうか？

宗教儀式における華々しさは、長年論争の的となってきました。ローマの宗教的典礼には、香や花綱で飾られた動物やバラの冠が登場しますが、初期キリスト教徒や教父の目にはきわめて異教的に映りました。2世紀末のカルタゴの神学者テルトゥリアヌスが、花冠は異教の象徴であると断じた文書は有名です。謹厳な隠遁生活において、偉大でいと高き神の前では、あらゆる種類の装飾や華々しさは軽薄で場違いだとして退けられました。花を拒絶する姿勢は、図像への拒絶と並行していたのです。しかし「ヒナギク（デイジー）」が少しずつ入り込み、ついに祭壇に飾られるようになります。背景にはマリア信仰の影響が多大にあり、バラとユリは聖母と結び付けて考えられました。またゴシック建築には象徴としての植物が数多く用いられ、骨組み、ファサード、上部装飾に彫刻されました。そうした植物としては、聖書に登場するもの、樹木（特にイチジクの木）、薬草のほか、オダマキ（ランスの大聖堂）、ツリガネソウ（アミアン）、ダイコンソウ（ブルジュ）、スイレン、アラム、バラ（野バラ）、ケシ（パリのノートルダム大聖堂）などが挙げられます。

半八重咲きのバラを摘む女性たち。イタリア語版『健康全書』より。14世紀末。

純潔の象徴、ユリを手にした聖ドミニコ。ミケーレ・ジャンボーノ（1400-62年頃）。ヴェローナ、カステルヴェッキオ美術館蔵。

たくさんの象徴

後年、生花はあらゆる宗教的な場を飾ることになります。バラの冠は、14世紀に広く行われていた礼拝行進（特に聖霊降臨と主の昇天の主日）や様々なマリア信仰の中に登場します。ルネサンス時代の祭壇にバラやユリと共に供えられていた花々にも、たくさんの象徴が込められていました。朝露を受ける5枚の花びらを持つオダマキは聖霊と神の愛、スミレは謙遜、ボタンやシャクヤク、スズラン、デイジーはマリア信仰、そしてサンザシはキリストの冠、マリアの純潔を象徴しています。ここにヘンルーダ（*Ruta graveolens*）など、悪魔を遠ざける花が加えられることもありました。修道院の庭でも花の栽培が始まりましたが、小礼拝堂や教会が外界の礼拝場所のようにあふれんばかりのユリやバラで飾られることは決してありませんでした。

LÉGUMES ET FLEURS MÊLÉS...

野菜と花

庭に関するキリスト教初期の記述の一つに、アウソニウスのものとされる4世紀の文章があります。アウソニウスはガリア・アクィタニア〔現アキテーヌ地域圏〕、ボルドー近くに暮らした詩人、著述家であり、多数の書を著しました。彼の記述によれば、バラの木の近くで野菜が栽培されており、菜園と観賞用庭園は厳密には分けられていなかったそうです。「私は水のまかれた庭のあぜ道や区画を散策していた。（中略）霧雨がひしゃげた草から垂れ、野菜の茎にとどまっているのを目にした。天から降ってきた丸くて重い水滴が、キャベツの大きな葉の上で揺らめいていた。パエストゥムで栽培される晴れやかなバラが、水気を帯びて光っていた」（E.-F.コルペによる翻訳、1843年）。

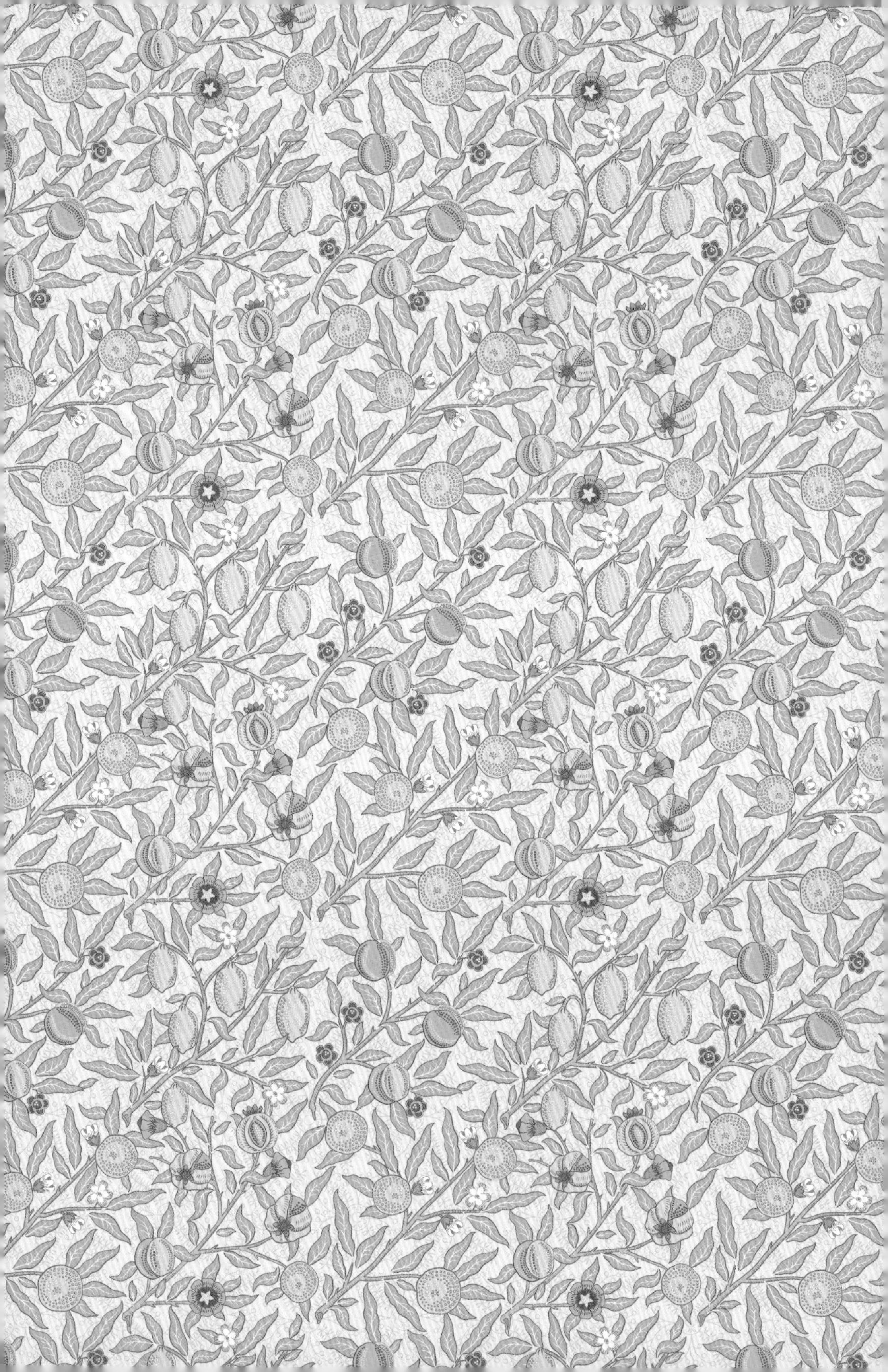

PRATIQUES culturales

栽培の実践

MOINES ET JARDINIERS

修道士と庭師

植物を育てるのが上手な人は特別な才能の持ち主、とはしばしば言われる言葉ですが、決してそんなことはありません。適切な技術としっかりとした経験があれば、理想的とは言えない自然環境でもうまく育てることは可能です。

庭担当修道士（ガルディナルス）

残念ながら、庭仕事や野菜栽培に関して中世に書かれた完全かつ詳細な概説はありませんが、誰もがガルディナルスになれたわけではありません。庭師たちは古来の知識を受け継いでいたのでしょう。とはいえ、修道院と農村の環境が似ていて、地方でも都市部でも多くの人々が植物を栽培していたことは確かです。では修道士たちは農民層の出身なのでしょうか。この問いは修道士たちの社会的出自に関する問いへとつながりますが、充分な資料は残っていません。男女を問わず修道院の成員は、時代と地域によりかなりの変動があり、11世紀頃の修道士･修道女の多くが小･中貴族出身だった一方、15世紀の詩人フランソワ･ヴィヨンの言葉を借りれば、栽培の訓練を受けていたのは「貧しくしがない生まれの」人々だったようです。ザンクト･ガレン修道院平面図にも示されている通り、大規模で裕福な修道院には使用人がいて、「農業労働者」もその一部だったと考えられます。

いずれにせよ、庭担当の修道士は数々の実践を通して、その腕前を見せました。

鍬を使ったパースニップの収穫。イタリア語版『健康全書』より。14世紀末。

TREILLAGE ET BANQUETTE

トレリスとベンチ

トレリスは非常に古くからあります。フランス語でトレリスを指すトレイヤージュ（treillage）という言葉は、絡まり合うブドウの株を意味していましたが、次第に木の格子を指すようになりました。中世の庭では囲いやつる性植物の支えとして使われ、バーテルミー・デックの挿絵にも、トレリスに巻き付いたバラの木が描かれています。この写本画には、「ベンチ」に腰かけた若い女性も描かれています。昔のベンチはレンガや木でできていて、中に土が入れられ、芝草が敷かれていました。

菜園

菜園は正方形あるいは長方形で、（おそらく）各区画がパースニップやメロンなど特定の作物に特化していました。ちょうどストラボの庭と同じです。たいてい20cmほど高くなっていて、盛り土をしただけのものもあれば、レンガや石、板や丸太、束柴、小枝の柵で縁が囲われているものもありました。高くなった菜園には様々な利点があり、たとえば土に砂などを混ぜて軽くするなど、簡単に土壌を改良できます。また重く粘土質の土の場合は、水はけもよくなりますし、春には地面がより早く温まります。縁取りが充分高ければ、げっ歯類などの害獣対策にもなり、あまりかがむ必要がな

PLANCHES ET JARDINAGE EN CARRÉS

菜園とスクエア・フット・ガーデニング

アメリカの庭師メル・バーソロミューは、「スクエア・フット・ガーデニング」と呼ばれる一段高くなった正方形の小菜園づくりを提唱しました。正方形はさらに30cm四方の16個の正方形に分かれ、各区画が一つの植物種に割り当てられます。栽培法は「土地利用型」ではなく、腐植土、泥炭、排水用資材を使います。伝統的な直線的栽培とは一線を画すこの正方形の庭づくりは、ある意味で中世への回帰とも考えられます。

いので、作業も楽です。中央部分の植物にも手入れが行き渡るよう、菜園の幅は狭く抑えられていました。

施肥

中世の畑の施肥は、動物（家禽類、ウシ、ブタ、ヤギなど）の堆肥が中心で、これにウシ小屋やヒツジ小屋に敷かれていたワラやハリエニシダ、ヒースなどの植物性廃棄物を混ぜていました。ピエトロ・デル・クレセンツィの『ルスティカンあるいは農作業の書（*Rustican ou Livre des prouffitz champestres et ruraulx*）』は農業や庭づくりに関する初めての概論とされる書で、14世紀にイタリアのボローニャでラテン語で書かれ、数十年後のシャルル5世時代にフランス語に訳されました。施肥法や挿絵（有名な農作業暦の絵）が掲載されており、農民が2月に堆肥をまき、鋤で起こして埋める様子も描かれています。畑は四方が壁に囲まれていて、むしろ庭に近い空間です。一般的に、家畜は一年のほとんどを放牧地で過ごしていたので、堆肥はほとんどありませんでした。収穫高がわずかだったのもそのためで、まいた種の4倍の重さの穀粒が収穫されたと考えられます。ザンクト・ガレン修道院のように多くの家畜を飼育していた大規模な修道院なら、堆肥も豊富にあったことでしょう。領主についても同様で、農民（自由農民）の土地よりも領主の土地の方が豊富に施肥されていたことが、考古学調査で分かっています。

加えて、冬には濠や小川が浚渫（しゅんせつ）〔河床などの土砂を掘削して水深を深くすること〕されていました。修道院が魚を調達していた沼や池も同様で、このときに出る泥が肥料として使われていました。

L'ORIGINE SOCIALE DES MOINES ET DES CONVERS

修道士や助修道士の社会的出自

歴史学者パトリック・ドフォンテーヌによれば、9世紀末から10世紀初頭にかけてのブルゴーニュの183の小修道院の修道士・修道女は主に当地の封建領主（重要な寄進者）の一族の出で、残りは裕福な都市住民や農民の出身者、わずかに農奴出身者が占めていました（『10-14世紀のシャロンおよびマコンの旧司教区の小修道院についての研究（Patrick Defontaine, *Recherches sur les prieurés réguliers, monastiques et canoniaux des anciens diocèses de Chalon et Mâcon, x*[e]*-xiv*[e] *siècles*, 2013）』)。貴族はたいてい学問を修め、知的・神学的活動に参加することができました。しかし11世紀になると、助修道士や助修道女が登場します。彼らは社会的に低い層の出身で、学識に乏しく、修道院で生活しているものの誓願を立ててはおらず、肉体労働を担い、物質面を支えました。農作業は大きな割合を占め、庭の手入れもしていました。助修道士は重要な存在となり、修道院の特定の場所や、場合によっては敷地外で生活していました。

貧者に施し物をする囚人救済会の修道士たち。作者不詳。1280年頃。

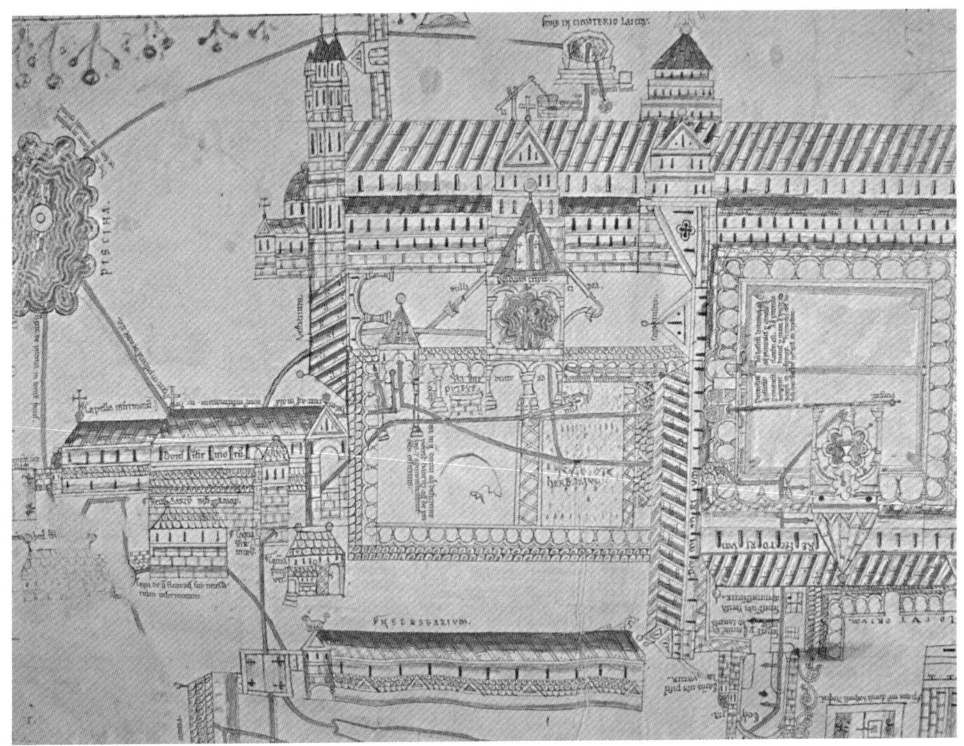

イギリス、カンタベリー大修道院の図面。1160年。

水と散水

中世前期以降、水はあらゆる修道院で必要不可欠な要素となり、飲用はもちろん、入浴、清掃、そして水やりに用いられました。多くの宗教施設は小川が通っているか、水に囲まれており、少なくとも泉や井戸がありました。シャルトル南に位置するノートルダム・ド・ロ〔「水の聖母」の意〕という名の女子大修道院も、ウール川沿いにあります。しかし17世紀の修道女たちは、修道院内で水源を確保するため、庭沿いに「ボワソー運河」を掘りました〔ボワソーはかつての穀量の単位〕。多くの修道士たち（特にシトー会）は水力学に通じており、たとえばオード県フォンフロワド修道院では、大がかりな導水工事が実施されました。こうして方向整備された水は水車や、ボーリュー=アン=ルエルグ修道院のように養殖池に引き込まれて、水やりにも使われました。中世の一定数の修道院の庭には灌漑システムが整備されており、小道に沿って水路が通っていました。1160年のイギリス、カンタベリー大修道院の図面（上参照）には、驚くべき排水システムが描かれており、多数の給排水管が張り巡らされ、各地点に送水されていました（共同トイレや浴場含む）。中でも庭は重要で、図面上では建造物に囲まれて薬草園があります。

灌漑水路がない場合でも、囲い壁に沿って濠が掘られ、ここから取水して植物に水やりをしていました。また石づくりの貯水槽や樽も使われていました。

9世紀のヴァルフリド・ストラボによる水やりの苦労の叙述は、とてもリアルです。「露の助けを借りても、植物を愛する私は、か細い繊維が渇きに負けてしまうのではないかと心配になる。そこで私は一生懸命働いて、純粋な波の流れを大樽に運び込み、それを手のひらにすくって少しずつまく。急いで大量の水をやると、私のまいた種が流れてしまうので、一滴一滴だ」(『修道院の庭、神秘の庭、中世修道院の庭の配置と意味(Bernard Beck, « Jardin monastique, jardin mystique. Ordonnance et signification des jardins monastiques médiévaux », dans *Revue d'histoire de la pharmacie*, 2000)』での引用)。ごく自然に同じ作業をしている庭師たちは、この文章に深くうなずくのではないでしょうか。

グランド・シャルトルーズ修道院の池や釣り場で、釣り糸や網で魚を釣る修道士たち。15世紀の写本画。

ヨルダン川で洗礼を受けるイエスを描いたアリアーニ洗礼堂のモザイク装飾。493-526年。イタリア、ラヴェンナ。

LE BAIN DES MOINES
修道士の入浴

一般に考えられているのとは違って、中世の修道士たちは衛生に関する規定を順守し、庭担当修道士（ガルディナルス）も浴槽や浴場で体を洗うことができました。フランソワ・ヴィヨンの作品にも、言葉遊びを交えて15世紀の都会生活者を描いた有名な定型詩があります。ザンクト・ガレン修道院平面図からもわかるように、多くの修道院には浴槽があり、沐浴は身体を清潔にするだけでなく、魂をも清める働きがありました。沐浴はガロ・ロマン時代にさかのぼる古い習慣で、聖アウグスティヌスも修道士たちに入浴を積極的に勧めていますし（ただし1か月に1回）、6世紀にレンヌ司教を務めた聖ムレーヌも信者に、「日曜日に名誉を守るため」土曜日に沐浴するようにと指導しました（『各時代の入浴（Paul Négrier, *Les Bains à travers les âges*, 1925）』）。修道院では、入浴はキリストの洗礼にも通じています。福音書によれば、イエスはヨルダン川に身をひたして洗礼を受けたとされており、イタリア、ラヴェンナに6世紀に建てられたアリアーニ洗礼堂の見事なモザイク装飾には、腰まで水につかった裸体のイエスが描かれています。

LES SOINS AUX PLANTES

植物を使った治療

『パリの家政案内』をはじめとする多くの文書には、
庭師たちの野菜栽培技術に関する記述があります。

種まき

庭担当の修道士は食用植物の種をまいていました。収穫後にいくつか株をとっておいて種を収穫し、乾燥させてから翌年用に湿度の低い場所で保管していたと考えられます。同時に修道院間の種子の交換も行われていました。特に新種の植物の種子は盛んに交換されていて、1280年頃にイングランド人ウォルター・オブ・ヘンリーが記した農業概論『農事暦（*Dite de Hosebondrie*）』にも、「他所に由来する種子はより優れている」と書かれています。

中世の庭師は、発芽を促すために種を水にひたしたり、苗の植替えをしたりしていました。菜園の最も安全な一部の区画は、キャベツなど植替え用植物の苗床だったのかもしれません。この点に関して、ザンクト・ガレン修道院平面図の長方形部分に記されている文言は、各区画が一種類のみの栽培にあてられていたことを示しているのではなく、栽培されていた野菜を単に列記したのではないかという疑問が生じます。実際、修道士がすべての植物を、その広がり具合や重要性を無視して、一律に同じ面積で栽培していたと考える方が矛盾しているように思えます。パセリよりもキャベツの方

『イングランド人小史（*John Richard, A Short History of the English People, 1874*）』に掲載された
『ラットレル祈祷書』の挿絵。1340年頃。ロンドン、大英図書館蔵。

に多くの面積を割くのが自然というものでしょう。庭園にはもちろんガラスフレーム（冷床）はありません。こうした構造物が登場するのは18世紀のことです。

雑草

現代に比べると、中世には「雑草」は少なかったと言えます。実際、植物栽培に甚大な被害を及ぼす外来種の多くは、中世よりも後の時代に持ち込まれました。19世紀に北アメリカからもたらされたコシカギク（*Matricaria discoidea*）、20世紀に南アフリカから持ち込まれたオオキバナカタバミ（*Oxalis pes-caprae*）などもその一つです。同時に、現在雑草と考えられている植物の中には、イワミツバ（*Aegopodium podagraria*）など、昔は食用・薬用に栽培されていたものもあります。いずれにせよ、中世の庭にも雑草が生えていたことは確かで、

アン県ファランの中世の植物栽培の遺跡からは、食用植物の種子はもちろん、雑草として知られるアカザ、ヤエムグラ、キランソウ、キンポウゲの種子も見つかっています。しかし写本の挿絵が事実に忠実だとすれば、菜園の区画は完璧に手入れされ、雑草の一つもなかったようです。

寄生生物と害獣

中世、寄生生物（動物、植物）による栽培植物の損害は、神学的問題を引き起こしました。自

LA PRATIQUE DU SEMIS
種まきのコツ

14世紀の『パリの家政案内』には、種まきについて的確な助言が書かれています。「レタスは種まきをすること。レタスは地中にとどまることなく、発育がよい。ほかの植物に余裕を持たせるためには、根から引き抜くこと」。庭師なら誰もが知るこうしたコツは、「間引き」「1本立て」と呼ばれ、若苗を除去します。引き抜かれたレタスはサラダとして生食したり、植え替えたりします。

十の災いの一つ、キリギリスの来襲。コーベルガー版グーテンベルク聖書の彩色版画。1483年。

然が神により創造されたからには、神の完全無欠性を映し出していると考えないわけにはいきません。とすると、エンジムシやアブラムシなどの破壊的侵入生物の存在をどう説明すればいいのでしょう。寄生生物は原罪や人間の堕落と結び付いた悪の表れと考えるべきでしょうか。あるいはキリギリスの来襲は、何らかの過ちを制裁するための神の罰なのでしょうか。この可能性はあながち否定できません。というのも聖書には、神がイスラエル人を解放するために古代エジプトにもたらした十の災いの一つが、アブやキリギリス（またはバッタ）の来襲だったと書かれているからです。

ただし旧約聖書のアダムとエバの悲惨な話で悪魔が糸を引いていることからすると、日常生活の悪や寄生虫の大量発生と悪魔が直接つながっている可能性もあります。寄生虫は冬眠中は視界から消え、春や夏になると突然現れることから、サタンやルシファーに扇動されて自然発生すると考えられていました。ヴュルテンベルクのシトー会シェーンタール修道院長リヒアルムスが悪魔学の中で調査した無数の悪魔も、こうした災いの元凶でした。

寄生生物の退治法としては、祈祷や魔術が挙げられます。教会は数々の教会会議において魔術や呪術を断罪しましたが（364年のラオディキアの教

BÊTE À BON DIEU
神の虫

ナナホシテントウ（*Coccinella septempunctata*）が「神の虫」とも呼ばれるのは、アブラムシを食べるので、寄生虫から収穫を守るために神から使わされた虫と考えられていたからかもしれません。とはいえ、「神の虫」の異名はT、すなわちギリシャ文字tauから来ているという説もあります。胸部と羽根の分かれ目の線がT形で、十字架の象徴だと考えられていたという説です。

ドングリを食べるイノシシ。イタリア語版『健康全書』より。14世紀末。

会会議）、その根底には、人間が悪魔を操ることなどできないので魔術には現実的根拠はない、あるいは逆に魔術は有効になりうるので、サタンが人間と手を結び、力を貸す可能性もあるが、それは神への裏切りであり、罪であるという論があります。異教の名残や奇跡信仰は、妖術や悪魔祓い、さらには動物裁判へとつながっていくことになります。

中世史の専門家カトリーヌ・シェーヌによれば、1478年、コガネムシの幼虫が被害を引き起こし、ベルンの住民がローザンヌ司教に訴えを出しました（『幼虫裁判（« Juger les vers » dans *Cahiers lausannois d'histoire médiévale,* 1995）』）。司教は幼虫に対し6日以内に退去するよう命じ、判決はミサの後で被告人に伝えられました。しかしその直後にも同様の経緯が繰り返されていることから、裁判が効力を発揮しなかったのは明らかです。作物を荒らす動物に対する裁判も行われ、動物も神の創造物であるからには、たとえ意識がなくとも、生息域から出て人間の居住区を侵害して損害を及ぼす責任は取らねばならないとされました。

修道士たちには、祈祷以外の寄生生物対策はなかったのでしょう。けれども修道院の庭では非常に多様な種が栽培されていたので、こうした被害も抑えられていたと考えられます。害獣、特にハタネズミなどのげっ歯類対策としてはネコが利用されていたようで、きっと舌なめずりしながら静かなクロイスターを忍び足でうろつき、菜園の壁の上でまどろんでいたことでしょう。

古文書には、寄生虫やアリなどの厄介な虫を退治するための処方も紹介されており、14世紀の『パリの家政案内』にも、「庭でアリが大量発生したら、ナラのおが屑をアリの穴に入れる。するとアリは死

Allegorie — xxiiii.

Et pour ramener a allegorie les articles de la foy a nre propos sanz lesquels ne pourroit proffiter bon esperit prendrons pour dyane dieu de paradis le quel est sanz tache aucune ameur de toute nettete a qui chose soullee de pechie ne pourroit estre aggreable createur du ciel et de la terre la quelle chose est neccessaire a lesperit chevalereux. Si come dit le premier article de la foy que dist monseigneur saint pierre. Credo in deum patrem omnipotentem creatorem celi et terre.

Texte — xxiiii.

La deesse ceres ressemble
Qui le bles donne z a nul nemble
Ainsi doit estre abandonnez
Bon chlier bien ordonnez

Gloze — xxiiii.

Ceres fu une dame qui trouva lart de arer les terres. Car devant semoient les gaaignages sanz labourer. Et pour ce que plus habondament porta la terre apres ce que elle ot este aree distrent q̄ elle estoit deesse des blefs et la terre nomerent de son nom. Si veult dire q̄ ainsi come la terre est abandonnee et large donnaresse de tous biens doit estre aussi bon chlier a toute pſone abandonez et donner son aide et reconfort selon son povoir et dit aristote soies liberal donneur et tu auras amis

Allegorie — xxiiii.

Ceres a qui doit ressembler le bon chlier prendrons pour le benoit filz de dieu q̄ le bon esperit doit ensuir qui tant no⁹ a largement donne de ses haulz biens z en lui doit estre creu fermement si come dit le ii.e article q̄ dit saint Jehan ou il dist. Et in ihesum xpm filium eius unicum dominum nostrum.

に、雨が降ったら逃げていく。おが屑は湿気を含むからだ」とあります。アドバイスはさらに続き、「キャベツを食べる毛虫には、雨が降ったときにキャベツの上から灰をまくと死ぬ」とも書かれています。

挿し木、接ぎ木、垣根仕立て

挿し木は広範に行われていたようで、『パリの家政案内』にも、「枝を伐って、土に差し込んで水やりをすると、根付いて成長する」と書かれています。当然、「株分け」と呼ばれるこうした繁殖方法は活用され、特に多年生植物に用いられました。

接ぎ木は古代から知られていて、5世紀の著述家パラディウスは接ぎ木をテーマにした詩の中で、切り接ぎ、割り接ぎ、芽接ぎに触れています。中世に入っても接ぎ木は続きましたが、農業や庭仕事の概論の中で様々な技術が詳細に取り上げられるようになったのは15世紀末になってからのことです。けれども異なる性質の二つの生物を「交配」させる接ぎ木は、神学的問題を含んでいました。すなわち、こうして生まれた「異形」は許されるのか、という問いです。アウグスティヌス会は、これは神の意志であり、我々は神の意志を完全に把握はしていないとの答えを出しました。中世を通して、常軌を逸した異形に関する「話」は多数記録されています。外科医アンブロワーズ・パレは1573年に『怪物と驚異(*Des monstres et des prodiges*)』において、犬や鳥の頭を持つ人間、足が一本だけで猛禽類の爪をした人間など、ありえないような異物について叙述しました。それならば、リンゴをクルミの木に接いでも責められはしないでしょう。ピエトロ・デル・クレセンツィの『ルスティカンあるいは農作業の書』(1486年)のような信頼度の高い資料にも、種なしサクランボ栽培のための接ぎ木法が紹介されています。中世の庭を耕していた修道士(あるいは助修道士)も試行錯誤を繰り返しましたが、果樹の収穫は期待していたほどには上がらなかったようです。垣根仕立てや果樹剪定が発達するのはようやく17世紀、特に18世紀になってからのことです。ポール・ロワイヤル修道院に隠棲した政治家アルノー・ダンディリーが1650年頃につくったグランジュ果樹園も、栽培技術が格段に進歩したことを示しています。つまり、中世の修道院の庭には、垣根仕立ては存在しなかったのです。

麦の種をまくケレスと、接ぎ木するイシス。『オテアの書簡』の写本装飾。1406年頃。女性作家で写本工房経営者のクリスティーヌ・ド・ピザン(1364-1430年頃)作。農業を司るローマ神話の女神ケレスは聖母マリアを表し、イシスによる接ぎ木は処女受胎を象徴すると考えられる。

LA CHANTEPLEURE
シャントプリュール

シャントプリュールという可愛らしい語はいくつかのモノを指します、その代表がかつて使われていたテラコッタ製のジョウロで、多くのフレスコ画、写本画、タペストリーに描かれています。『天蓋の下の夫婦』と題された作品もその一つです(1460年頃。パリ装飾美術館蔵)。このジョウロはふくらみのある陶磁器で、底に穴が開いていて、水を入れるのに水中にひたすと、歌うような音がし、親指で口の部分をふさいで移動し、植物の上から水を注ぐと泣くような音がします。

LES CHATS DU MONASTÈRE

修道院のネコ

追いかけてくる犬もいなければ舌を出す子どももいない、沈黙が支配する静謐な場。ネコにとって修道院は理想的な住まいだったでしょう。獲物が豊富とあればなおさらです。穀物がたっぷりと貯蓄されていたので、ネズミもたくさんいたのです。多くの農家や城館同様、修道院もネコを飼っていました。植物栽培の大敵ハタネズミなどのげっ歯類だけでなくモグラにもネコは効果的です。有名なネコの品種シャルトリューの名称は、シャルトルーズ山塊高地に立つ中世のカルトゥジオ会、グランド・シャルトルーズ修道院に由来するとされ、15世紀頃のペスト大流行時に、ネズミを駆除するために持ち込まれたと伝わっています。一方で、スペインの羊毛「シャルトリューのパイル」に似た豊かな毛並みが名前の起源だとする説もあります。ところで、キプロス島には「ネコの修道院」ことネコの聖ニコラウス修道院もあります。おそらく4世紀に設立されたとても古い修道院で、長い間修道士たちが暮らしていましたが、現在では修道女が維持していて、ネコがたくさん住んでいます。言い伝えによれば、修道院設立直後に、聖ヘレナがヘビ駆除のためにネコたちを連れてきたとか。実際にネコが住むようになったのは15世紀のことですが、目的は同じでした。

ネコとネズミ。『ラットレル祈祷書』の挿絵。1340年頃。ロンドン、大英図書館蔵。

庭担当修道士（ガルディナルス）たちの道具

ガロ・ロマン時代から15世紀にかけて農民や庭師が使っていた農具は、非常に多数かつ多様です。というのも地域ごと、時には荘園ごとに独自のものがあり、名称も異なるからです。杭から熊手、2本あるいはそれ以上の数の爪がついたフォークまで、木製の道具は様々。鋤はとても古く形も様々ですが、いずれも木製のモノブロックで、先の刃は幅が広くなっています。同じく耕作用の丸木をくり抜いた左右非対称の鋤（すき）は、100％木製のものもあれば、刃の縁に鋳鉄がついているもの、木製で刃全体が鉄の薄片に覆われているものもあります。

小型の鍬（くわ）や2本爪の股鍬にも様々な形態があり、土壌のすき返しで重宝されました。おそらく鋤より

12か月の農作業。ピエトロ・デル・クレセンツィ『ルスティカンあるいは農作業の書』より。1486年。

も多用されていたでしょう。幅広の刃の鍬は、鋤と違って回転させなくてもすき返しができるので、現代のオーガニックガーデニングにも適しています。

金属の道具としては、小刀が特に接ぎ木で活躍しました。剪定に欠かせない鉈鎌（なたかま）や小型鉈鎌は、ローマ時代から知られていて、庭師のシンボルとされていました。ルイ14世の筆頭庭師ジャン＝バティスト・ド・ラ・カンティニー（1626-88年）は小型鉈鎌を普及させた人物で、ヴェルサイユの王の菜園の中心には彼の全身像が立っています。しかし中世では鍛冶工製の農具は数が限られており、高価だったので、大規模な修道院でもこうした鍬は片手で数えられるくらいしかありませんでした。

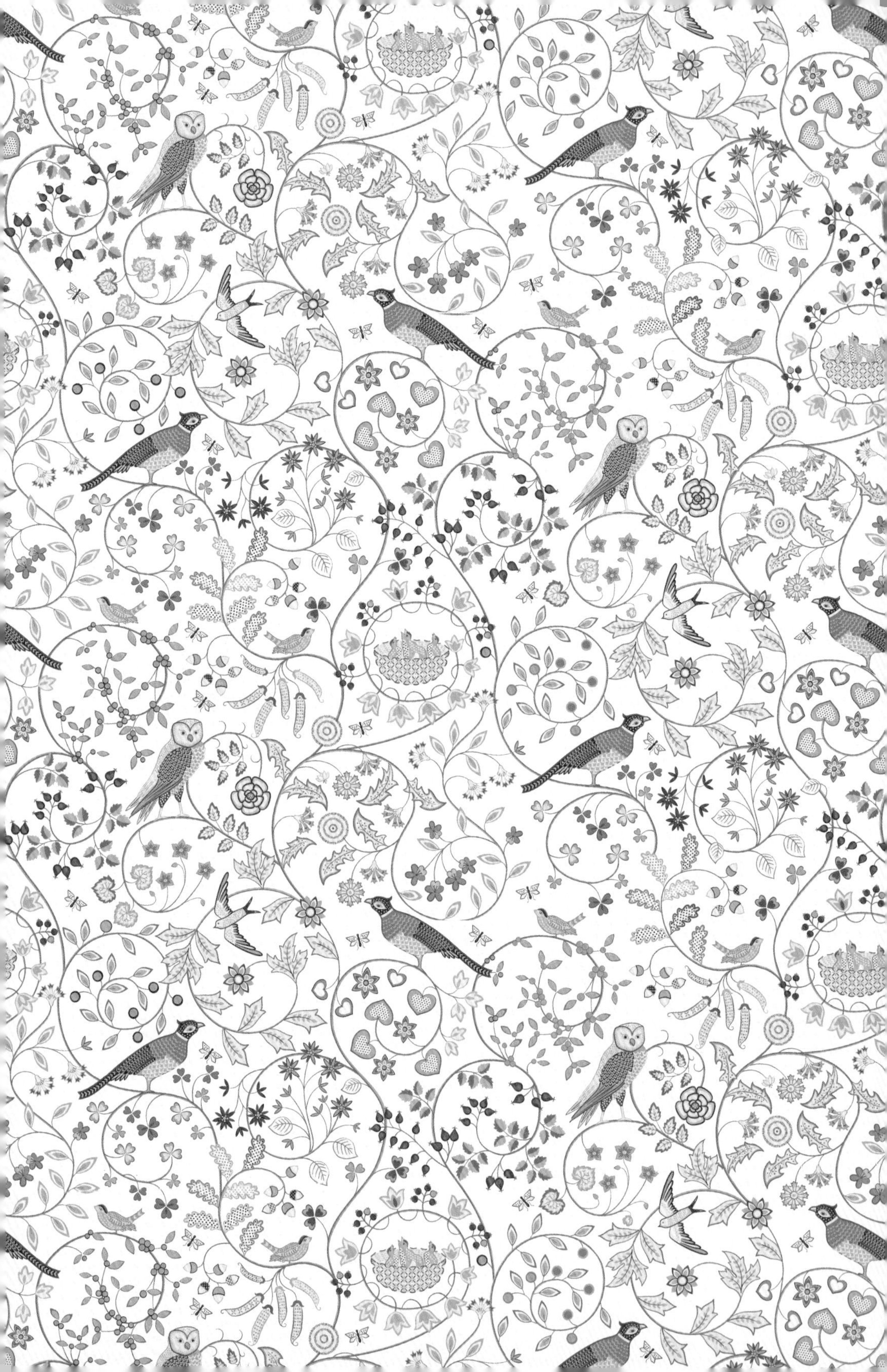

CRÉER UN JARDIN de monastère

修道院の庭づくり

UN ESPACE CLOS ET STRUCTURÉ

囲われて構造化された空間

修道院の庭の人気は衰えを知らず、
野菜と花がやや無秩序に成長する簡素な空間、
歴史の喚起力、スピリチュアルな背景は人々を魅了し続けています。

庭の本質

修道院や中世らしい庭は、安全に囲われた空間。世界の外にあって、平安と静謐、安らぎと休息をもたらし、スピリチュアルなあるいは哲学的な深みを感じさせます。過去を参考にしつつ現代にこうした庭をつくるには、史実にこだわりすぎないことがポイントです。前述のように、13世紀ベネディクト会の菜園の実態さえわかっていないのですから、なおさらです。むしろ知的・スピリチュアル的・哲学的な面で本物を目指しましょう。それこそが「庭の本質」なのかもしれません。平安と調和を実現するには、押さえておくべき点がいくつかあります。

囲い

どこか親密で秘密めいていて、内（魂と言ってもいいでしょう）へと向いた庭には、囲いが必須の要素です。理想的なのは壁に囲まれた昔からの畑ですが、そうでなければ、柵、板塀など軽量の囲いを設置しましょう。日本風の板塀やクリの木の支柱の柵もいいでしょう。できれば周辺の視線を避けるため、高さを持たせます。修道院の庭は、第一に「空」へと開いているのです。剪定したあるいは自然のままの灌木もお勧めです。

アルプ=ド=オート=プロヴァンス県、サラゴン小修道院の庭。

設計

基本となるのは正方形あるいは長方形の、あまり大きすぎない栽培区画です。現代のスクエア・フット・ガーデニングのように各辺を1.2mに設定しても。調和とバランスを持たせるには、空間の広さに応じて、やや細長くてもいいでしょう。広さに限りがあるなら、区画の広さを抑えるのではなく数を減らします。庭が不規則な形でも、栽培区画は数にかかわらず均一で平行した列に仕立てます。

区画間には充分な広さを取ります。目指すのは集中栽培ではなく、ゆったりとした印象です。「1㎡たりとも無駄にしない」などという考えは捨てましょう。最低でも幅60cmの小道なら、狭い小道よりも「息が詰まり」ません。

小道

砂が敷かれた小道は明るいトーンで、広い印象を生み、栽培植物を引き立てる上に、ナメクジを遠ざけるのでお勧めです。しかも草むしりもしやすいという利点があります。

芝生も捨てがたく、親密な印象を強め、緑のエデンの園を想起させます。観賞用芝生よりも「自然な草地」風の芝生を選んだ方がいいことは言うまでもありません。

小砂利はあまり向いておらず、歴史的観点からも本物に近くはありません。粘土や細かく砕いた石などを固めたクレーは修道院の庭にはあったかもしれませんが、雨が降ると歩けなくなります。

縁取り

理論的には栽培区画は高い位置にありますが、特に決まったルールはありません。栽培環境を確保するには最低20-30cmの高さが必要です。腰を痛めないようにさらに高くしてもいいでしょう。

一番単純な縁取りは木の板（化学処理されていないもの）で、角のところで連結具（L金物）でつなぎます。小枝の柵は見栄えもずっとよく、手軽に「中世」の雰囲気を出せます。クリの木の長い棒枝があれば自分でつくれますし、大きさに合わせて完成品を購入することもできます。

丸い木材を杭で支えたり、ニセアカシア（クリの木同様湿気に強い）の小幅板を重ねて金属芯で支えたり、レンガや石を塗り目地なしで積んだりと、縁取りの選択肢は他にもあります。

土

もともとのスクエア・フット・ガーデニングは「土地利用型」ではありません。庭の土ではなく腐葉土とバーミキュライトと泥炭の混合を使いますが、後者は継続利用できないので、ココナッツファイバーで代用することもあります。腐葉土（庭のコンポスト）と排水を促す材料（たとえばバーミキュライト）を混ぜた改良土を使ってもいいでしょう。これなら「土地利用型」になります。

CRÉER UN PLESSIS DE CHÂTAIGNIER

クリの木を使った小枝の柵

クリの木はしなやかで湿気に強いので、その長い棒枝は重宝されます。クリの木はどの地域にも生育しているので、簡単に見つかります。使い勝手からいえば、ハシバミも優れています。70-80cmの間隔で、頑丈な杭を立てます。杭を縫うようにして、長い棒枝で最初の一列を編み、2列目は裏表逆に編みます。この作業を杭の上まで繰り返します。小枝の柵で正方形を囲む場合、角でかみ合わせるようにして編んでいきます。

UNE GRANDE DIVERSITÉ VÉGÉTALE

豊かな多様性

昔の修道院風の庭づくりのポイントは、多様な植物を植えること。
多様性は寄生生物や病気の有効な予防法でもあります。

芳香性植物

いい香りのする植物種は多めに植えましょう。ザンクト・ガレン修道院の庭にも芳香が漂っていて、エデンの園のような小さな楽園の雰囲気を演出していました。

一つの栽培区画には一種類の植物しか植えない、などという決まりはありません。むしろスクエア・フット・ガーデニングのように小さく区切っていろいろな植物を植えることをお勧めします。

伝統的な植物、現代的な植物

中世の野菜だけに固執する必要はありませんが、伝統的な植物を取り入れれば、雰囲気のある

庭づくりもできる上、食卓が豊かになります。ヤマホウレンソウ、マセロン、カルドン（フダンソウよりも香り高い）、根パセリ、ルートチャービル（御料地令で挙げられているパセリやチャービルも、それぞれ根パセリ、ルートチャービルだった可能性があります）、サルシファイ、15世紀に持ち込まれたと思われるスベリヒユなどを栽培してみましょう。

庭を管理する修道士にとって、菜園は第一に機能的で需要を満たすものでなければなりません。アメリカ原産のピーマン、インゲンマメ、ジャガイモ、トマトなどの「現代的な植物」も取り入れてみましょう。ポイントはユニークで絵になる品種を選ぶこと。ブラッククリムと呼ばれるブラックトマト、グリーンゼブラと呼ばれるグリーントマト、ソラヌム・ピンピネリフォリウムと呼ばれるミニトマトなどがお勧めです。

もちろん花も！

修道院の庭の主役は野菜。花を植える場合は、華美なものやエキゾティックな品種は避けて、周縁部にバラの木を植えたり、修道院におなじみのユリ、アヤメ、オダマキなどを栽培したりする方がいいでしょう。

L'ENTRETIEN

手入れ

修道士の庭のイメージと言えば、修道院らしく手入れが行き届いた空間。これは修道院の庭の特徴の一つでもあります。雑草は除去して（一段高くなった菜園なら草むしりも楽です）、小道を掃除し、草を刈りこみましょう。コンポストやウッドチップ（BRFあるいはRCW）〔小・中の枝や木片を細かく裁断したもの〕、ワラのマルチングは、栽培区画を覆うのに最適です。

PLANTES monastiques

修道院の植物

Ail

ニンニク

Allium sativum

食べると息が独特な匂いになる食材で、ニンニクに関する様々な文書でもこの点が指摘されてきました。フランソワ・ヴィヨンは「ニンニクやタマネギを食べると口臭が強くなる」と述べ（『フラン・ゴティエの異論（*Les Contredictz de Franc-Gontier,* 1461）』）、のちにはカサノヴァも「ジャヴォットがニンニクの匂いがしたので、私は皆に食べるのを禁じた」（『回想録（*Mémoires,* 1833）』）と書いています。

昔の修道士や修道女と言えど、口の匂いと無縁だったわけではありません。というのも、中世の人々は、ニンニクも、ニンニクに劣らず強い匂いのタマネギも、生であるいは加熱して積極的に食べていたからです。

分球

根元から長細い葉がみっしりと生え、その下にはたくさんの分球からなる球根があります。茎は空洞で、花軸上に傘のような形をした散形花序をつけます。地植えにすると、毎年開花します。

栽培

冷涼な地域で3月に分球を重い土壌に植えます。10-11月に植える場合は、軽い土壌を選びます。どちらかと言えば軽い土壌を好みます。春に植える場合はピンクのニンニクを（保存向き）、秋に植える場合は白か紫のニンニクを選びます。分球は自分でも採取でき、その場合は外側の分球だけを使います。分球の先端を上に向けて、株間12-15cmで3cmの深さに植えます。条間は30cmあけます。白いニンニクは5月以降、青いうちに収穫できます。収穫後、葉が部分的に枯れてきたら球根を引き抜きます。春に植えた場合は栽培開始から4-5か月後、秋に植えた場合は8か月後が目安です。小さなかごやござなどの敷物の上で簡単に乾燥できます。

調理法

ニンニクをこすりつけたパンは健康維持の心強い味方。材料はパン、つぶしたニンニク、油少々、塩、コショウで、オリーブオイルとトマトを加えればイタリアンになります。乳業が盛んな地域では、バターとパセリ（または別のハーブ）を使います。ニンニクの香りそのものを楽しみたいときは、丸ごとオーブンに入れますが、皮はむきましょう。

コンパニオンプランツ

〔一緒に栽培するのに理想的な植物〕

イチゴ、トマト、フェンネル、テーブルビート

多年生草本／ヒガンバナ科／高さ：40-60 cm

Artichaut
アーティチョーク
Cynara carduncului var. scolymus

北アフリカあるいはエチオピア原産ですが、フランスや北ヨーロッパの
食卓に登場するようになったのはかなり時間が経ってからのことです。
12世紀のセビリアの農学者イブン・アル＝アウワームの著書でも言及されており、
少しずつ改良されて、より大ぶりになりましたが、
ようやく16世紀になってからイタリアで本格的に栽培が始まりました。

アルチンボルド（1526-93年）の絵画《夏》には、胸のところに挿したアーティチョークが描かれています。17世紀は、イタリアから様々な色の品種が複数持ち込まれ、ルイ14世の菜園で栽培された時代でもあります。アーティチョークは19世紀のブルジョワからも愛されました。

大ぶりな花序

縦に筋が入った茎は太くまっすぐに伸びます。1m近くに達するとても大きな葉は、ギザギザとしてくすんだ色合いです。食べる部分は頭状花序で、「奥」あるいは「心臓」と呼ばれる部分は花托（かたく）〔花柄の末端で花弁や雌蕊が載っている部分〕です。その周りを包葉、いわゆる「葉」が取り巻いていて、頂点に紫色の花（頭花）が咲きます。

栽培

アーティチョークは、湿潤で腐葉土をたっぷり含んだ水はけのよい土壌と直射日光を好みます。小さい鉢入りの株を買うか、近所の庭で側芽を分けてもらいましょう。4月になったら、5点形に80cmの間隔をあけて植え、土を湿潤に保ちます。ワラのマルチングをするといいでしょう。つぼみが充分大きくなったら、「葉」が広がる前に摘みます。つぼみをつけた茎はすべて、霜が降りる前に切り戻しましょう。

調理法

シンプルに軽く茹でるだけでおいしく食べられます。花托はたとえばアボカドのムースなど、相性のよい食材と合わせて調理しても。葉の部分には高いデトックス効果があります。ヴィネグレットソースをつけて召し上がれ。

コンパニオンプランツ

インゲンマメ、エンドウマメ、レタス、ダイコン

Vivace, herbacée
Famille : Astéracées
Hauteur : 1 à 1,5 m

多年生草本／キク科／高さ：1-1.5m

Bette

フダンソウ

Beta vulgaris var. cicla

シンプルな野菜ですが、特定が厄介で、フランス語ではベット、ブレット、ポワレ、ジョット（スイスでの呼び名）などいくつもの名前がついています。ブレット（blette）の語源はおそらくプロヴァンス地方で、ポワレ（poirée）は中世の野菜スープ「ポレ」に由来するのでしょう。ラテン語の学名ベータ（beta）は、近種のテーブルビート（フランス語でベット・ラーヴ（bette-rave））にも残っています。

フダンソウは中世にも消費されていましたが、野生種から大ぶりな葉柄の品種に至るまでの選定には、長い時間がかかったと思われます。いずれにせよ、すでに14世紀には消費されていて、17世紀になると広く普及しました。ディドロとダランベール著『百科全書（*L'Encyclopédie*）』（1751年）は、白と赤の2つの品種に言及し、「ベット」と「ポワレ」の2つの名前を挙げています。

鮮やかな色

大ぶりな葉はピンと立っていて、葉身はうねり、ぽってりとしていて、葉柄からとても堂々とした葉脈が中央を通っています。葉柄は黄色っぽい白から赤っぽい白まで様々。2年目には、分岐した大きな茎から緑がかった円錐花序がつきます。

栽培

腐葉土をたっぷりと含んだ湿潤な土壌と、陽光がたっぷりと差す場所を選びましょう。種まきは4-5月。四方40cm間隔で、小さな穴を開けて種を4粒まきます。10日ほどで発芽したら、頑健な株だけを選びます。残りの株は離れたところに植え替えてもいいでしょう。水やりは定期的に。ワラのマルチングがお勧めです。種まき後3か月半ほど経ってからシーズンが終わるまで、定期的に葉を収穫します。冬はワラで保護してから庭に残しておくか、葉を収穫して冷凍保存しましょう。

調理法

葉脈の薄皮をむくのを忘れずに。定番はグラタンやクリーム煮ですが、プロヴァンス風にリンゴと一緒にレーズンで甘いパイ包み焼きにしても。ニンニクとタマネギでいため、ミントとコリアンダーで風味をつけたシンプルな一品も美味です。

二年生草本／アカザ科／高さ：2m

Betterave potagère

テーブルビート

Beta vulgaris* var. *esculenta

カール大帝の御料地令でも言及されていますが、
これは栽培種ではなく野生種で、ハート形の葉が食用にされていました。
ずっと後になってから、ぽってりとした根の種類がドイツや東ヨーロッパで生まれ、
17世紀にフランスに持ち込まれました。

1600年に農学者オリヴィエ・ド・セールがテーブルビートについて叙述し、ディドロとダランベールも『百科全書』で、「根は太く、2-3プース〔1プースは約2.7cm〕。膨らんでいて、外も中も血のように赤い」と書いています。テーブルビートが本格的に普及したのは19世紀で、黄色や白い根の品種も登場しました。

目立つ根

葉は楕円形で、葉柄は長く、ロゼットを構成しています。根は垂直に伸び、一部が地上に露出して太く育ちます。2年目に茎が出て、緑色あるいは赤みを帯びた穂状(すいじょう)花序をつけます。

栽培

腐葉土をたっぷりと含んだ湿潤な土壌と、陽光がたっぷりと差す場所を選びましょう。どちらかと言えば粘土質で養分を豊富に含み、しばらくコンポストが入れられていない土壌を好みます。4-5月に日当たりのいい所で、条間30-40cm株間5cmで種をまきます。種からはそれぞれ複数の株が育つので、間引きして頑健な株だけを残します。5-6月に種まきをして、収穫後保存しておくこともできます。乾燥すると根が繊維質になるので、土は湿潤に保ち、ワラでマルチングしましょう。必要に応じて収穫し、最初の霜が降りる前に引き抜いて、地下室で保管します。

調理法

若くて柔らかい葉や茎は、ホウレンソウのように調理するか、生のままで食べられます。根は生で細切りや薄切りにして、シンプルにレモンとパセリ、またはリンゴと合わせてサラダにします。ホイル焼きなら、香りが損なわれずに、ふっくらとまろやかな食感を楽しめます。夏にはトマトやキュウリと一緒に冷製スープにしても。

コンパニオンプランツ

タマネギ、ニンニク、コールラビ、インゲンマメ、カブ

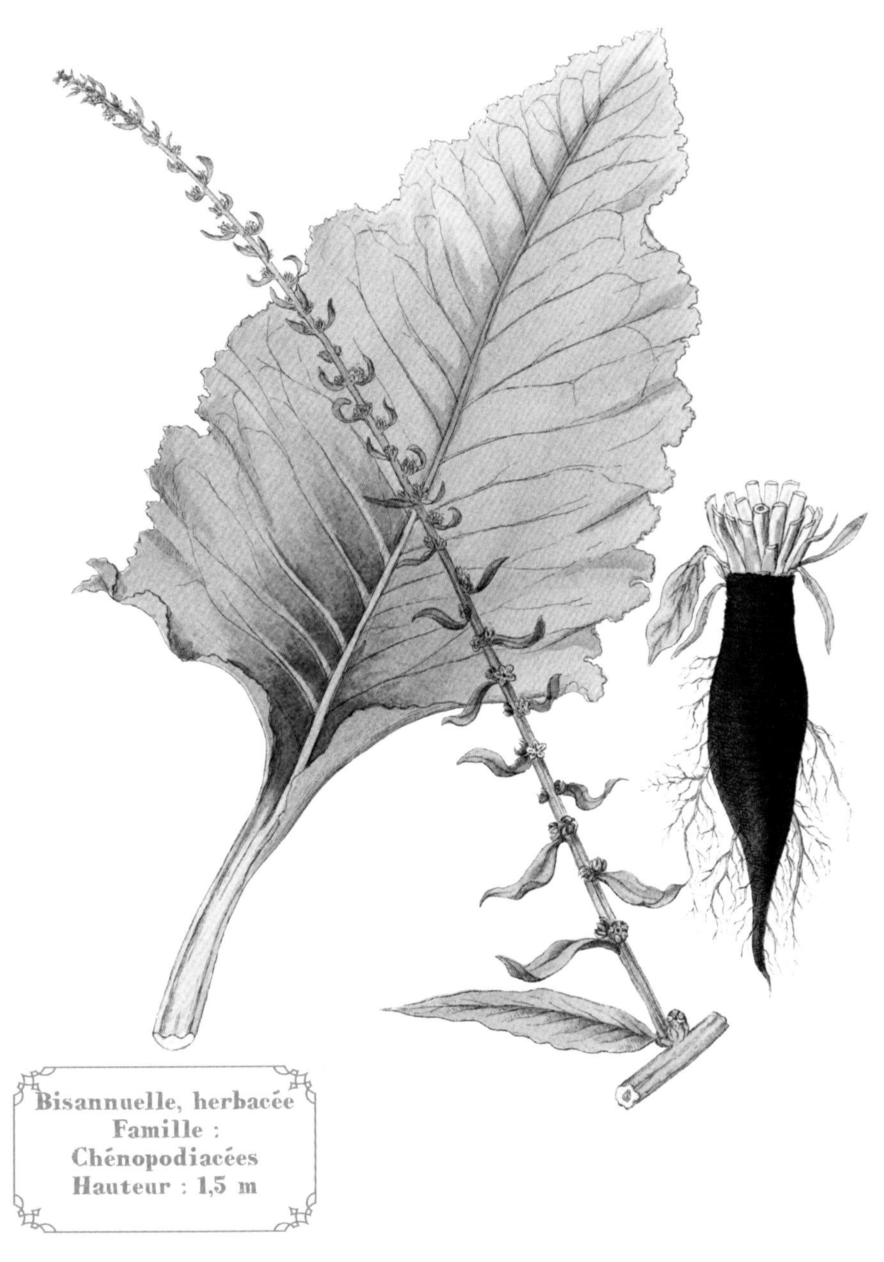

二年生草本／アカザ科／高さ：1.5m

Cardon
カルドン
Cynara cardunculus

カール大帝の御料地令にもcardonesという植物が出てきますが、
これがカルドンを指すのか、
アザミ〔フランス語でシャルドン〕を指すのかは定かでありません。

西ヨーロッパに原生していますが、スペインやイタリアに持ち込まれる以前に（1304年にはイタリアで確認されています）、地中海沿岸で改良されたと思われます。近類のアーティチョークも同じ道をたどっています。とても美味で、フランスではフダンソウよりもずっとおいしいとされているのですが、現在ではどちらかというと南部で目にすることが多い野菜です。

大きくてチクチク

みっしりと生える大きな葉はくすんだ色合いで、深い切り込みが入っており、チクチクすることも珍しくありません。葉柄とふっくらとした葉脈が通っています。2年目になると、しっかりとした茎が自立し、アーティチョークのような紫がかった頭花をつけます。

栽培

カルドンは、肥沃で水はけがよくやや湿潤な土壌と、豊かな陽光を好みます。4-5月に苗床に種をまいてから、育った苗を1m間隔で植えつけるか、5-6月に直接種まきをします。ワラでマルチングして土を湿潤に保ちましょう。乾燥しすぎると、苦みが出ます。栽培開始後4-5か月してから、順々に葉を摘むか、シーズンが終わる頃に根元から切ります。アーティチョークのように頭花を収穫し、冬前にワラなどで保護します。

調理法

柔らかく香味豊かなカルドンは優れた食材ですが、皮むきが必須です。葉木内は繊維をむいた茎（軸）、特に表面の皮を取り除きます。チクチクするので手袋をつけましょう。処理したら葉脈を刻んで、タジンなど地中海風に調理します。カルドンだけでつくったクスクスは、アルジェリアの一部地域の名物料理です。ベシャメルソースのグラタンが好きな人は、カルドンの温サラダにミントを添えて付け合わせにしましょう。頭花の底はとても繊細な風味です。

コンパニオンプランツ

ダイコン、レタス、ソラマメ

Vivace, herbacée
Famille : Astéracées
Hauteur : 1,5 à 2 m

多年生草本／キク科／高さ：1.5-2m

Carotte

ニンジン

Daucus carota

中世の修道士たちはニンジンを食べていたのでしょうか。
答えになるような資料はありません。カール大帝の御料地令にも14世紀の『パリの家政案内』にも、
カルウィタス（carvitas）が出てきますが（「一つかみ単位で売られている赤い根菜」）、
同時期の他の文書には、むしろ白や紫色のニンジンが出てきます。
オランダの画家ヨアヒム・ウテワールの作品《野菜果物売り》（1618年）には、
オレンジ色の立派なニンジンの束が描かれています（ニンジンが描かれた初の絵画作品）。

すらりとした立ち姿

細い切り込みが入って香り豊かな葉が根元で茂り、根はあっという間に垂直に伸びてふっくらと成長します。2年目には中身の詰まった硬い茎が生えてきて、美しく白い散形花序をつけます。

栽培

ニンジンは軽い土壌を好みます。砂質でもよいのですが、腐葉土が豊富で、日当たりのよい場所を選びましょう。種まきは5-6月が好ましいですが、4月か7月でもよいでしょう。条間25cmで大雑把にまきます。種の上にはあまり土を盛らずに、土の中に押し込むようにしてから水やりをします。10-20日後に発芽したら、最初は3cm（新ニンジン）、次は8cmの2回、間引きします。保存用ニンジンは7月に種まきします。水やりはほどほどに、あるいはまったくしなくても大丈夫ですが、ワラのマルチングは効果的です。食べる量に合わせて大きいものから収穫します（種まき後約3か月）。霜が降りる前に保存用ニンジンを引き抜き、付け根部分から葉を切ります。ニンジンサビバエは大被害を引き起こす可能性があるので、葉が生えたらすぐに早いうちから防虫剤を使いましょう。

調理法

昨今のアンチ食品ロス傾向を受けて、ニンジンの葉は一躍人気の食材に。ウサギにとっては迷惑かもしれませんが、ヴルーテスープ、スープ、ケーキ、パスタの付け合わせに引っ張りだこです。バジルの代わりにニンジンの葉、ニンニク少々、ヒマワリの種でつくったジェノヴェーゼソースも美味です。

コンパニオンプランツ

タマネギ、エシャロット、ポロネギ、トウモロコシ、ダイコン、エンドウマメ、トマト、セージ

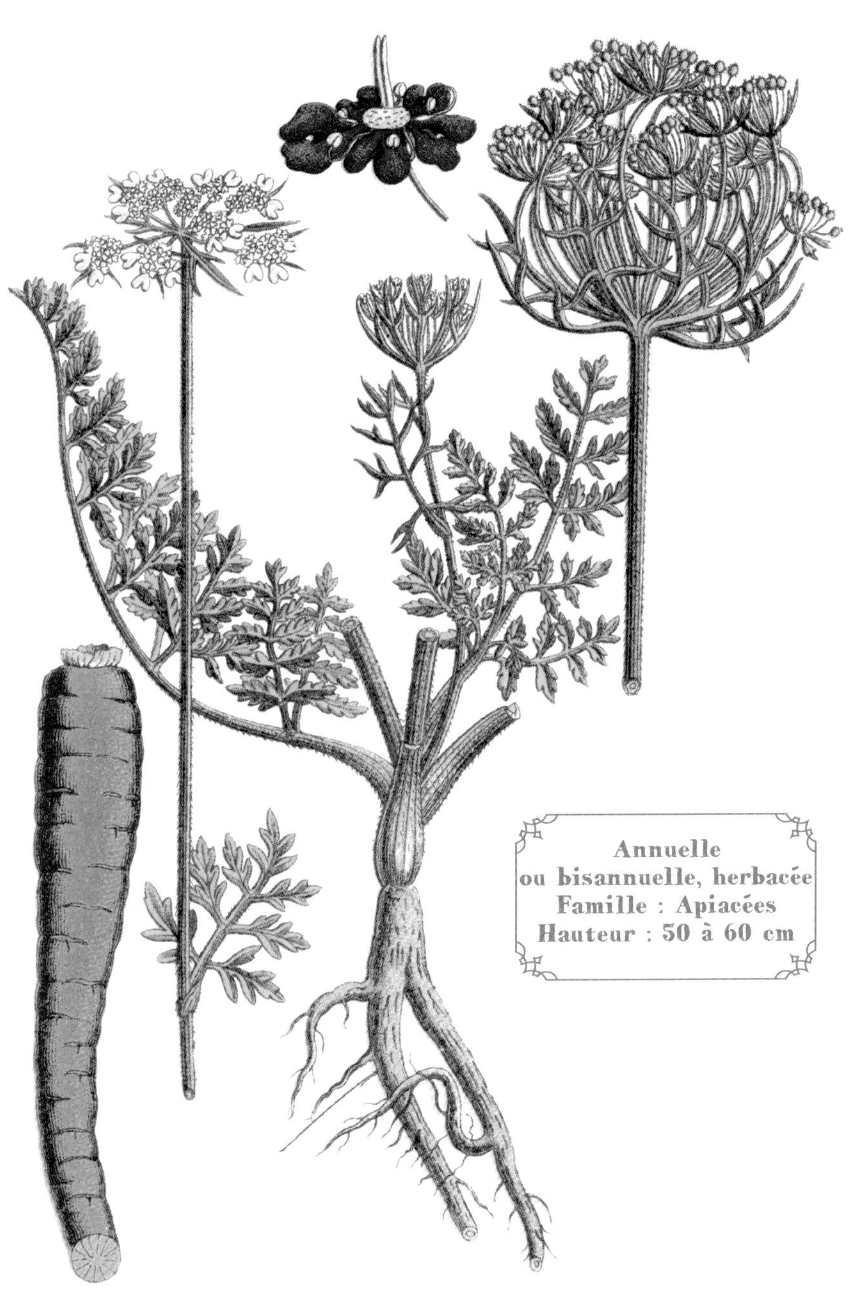

一年生あるいは二年生草本／セリ科／高さ：50-60cm

Céleri
セロリ
Apium graveolens

沼のセロリ、野生のセロリなどと呼ばれる地中海地域の植物で、
強い香りを放つことから芳香性植物として栽培されてきました。選別が進み、
16世紀頃には茎セロリ〔いわゆるセロリ〕とセルリアック〔根セロリ〕が登場します。
つまりこれらは中世の庭には存在していなかったのです。
時間をかけて西ヨーロッパの食卓にのるようになり、
やや大味のマセロンに取って代わりました。

茎と根

空洞で筋の入った茎から、細かくギザギザに切り込みの入った葉が生えます。白い散形花序は2年目に開花します。茎セロリはふっくらと大ぶりで樋のような形の葉柄です。セルリアックは短期間で丸く大きく成長し、葉がロゼット形に生えてきます。

栽培

セロリは気難しい植物。日当たりがよく、腐葉土をたっぷりと含んだ、湿潤で軽い土壌に植えましょう。4-5月に地面が充分温まるのを待ってから（フランスの首都圏では4月15日以降）、苗床に種をまきます。セルリアックの成長を促すには、葉が2枚生えてきたときと、4-6枚生えてきたときの2回、苗床で植え替えて、主根先端の小さな根を除去します。6月になったら、株間30-40cmで植えつけます。茎セロリの栽培法も同じですが、苗床での植替えは1回だけです。水やりを欠かさず、ワラでマルチングをします。茎セロリは充分成長してから、セルリアックは根がしっかり太くなってから収穫します。

調理法

茎にタマネギと生クリームを少々加えたヴルーテスープは、葉の豊かな香りを再現します。セロリのサラダは見栄えも味もよく、温サラダやリンゴを加えた冷製サラダにして楽しめます。セルリアックと言えばなんといってもスープ。抜群の香りの高さです。ジャガイモを1、2個使ってとろみを出しますが、なしでもまったく問題ありません。

コンパニオンプランツ

エンドウマメ、インゲンマメ、ポロネギ、トマト、キュウリ

Bisannuelle, herbacée
Famille : Apiacées
Hauteur : 40 à 80 cm

二年生草本／セリ科／高さ：40-80cm

Chou pommé

キャベツ

Brassica oleracea var. capitata

西ヨーロッパの田舎に行くとまだ野生のキャベツを目にしますが、
確実に減ってきています。
キャベツには無数の変種があります。

カール大帝の御料地令にも登場するキャベツは、中世の主要野菜の一つで、栄養価が高く、冬の料理に欠かせません。古代ローマの詩人ウェルギリウスは『農耕詩』の中で幸せな農夫を描き、文人ラブレーはこれにちなんで「キャベツを植える者の幸福は3倍にも4倍にもなる」と謳いました（『第4之書』1552年）。

巨大な球

大きくて厚みのある葉はまずロゼット形に伸び、その後しっかりと閉じた球になります。葉が縮んでいるもの（サボイキャベツ〔チリメンキャベツ〕）、滑らかなもの、黄色っぽいもの、ブルーグリーン、紫などの品種があります。2年目には太い茎が分岐して、黄色い穂状花序をつけます。

栽培

キャベツは、水はけがよく湿潤で腐葉土をたっぷりと含み、酸性ではない土壌を好みます。高温は避けつつ、日当たりのよい場所を選びましょう。3-5月に苗床や小箱に種をまき、苗床で間引きと植替えを行います。しっかりと成長したら、四方に50-60cmあけて植えつけます。収穫は夏から冬にかけて。8-9月に種をまく場合は、秋に植え替えて春に収穫します。土は湿潤に保ちますが（ワラのマルチングがお勧めです）、やりすぎは禁物です。寒い地域では、冬になったらワラを敷いて保護しましょう。

調理法

スープ、煮込み、ポテ〔塩漬けの豚肉と野菜の煮込み〕、伝統料理に欠かせない野菜です。さっと蒸したり、エイなどの魚と合わせたり、ディルを少々加えたりして、葉の香りを楽しみましょう。

コンパニオンプランツ

テーブルビート、インゲンマメ、エンドウマメ、ジャガイモ、トマトなど

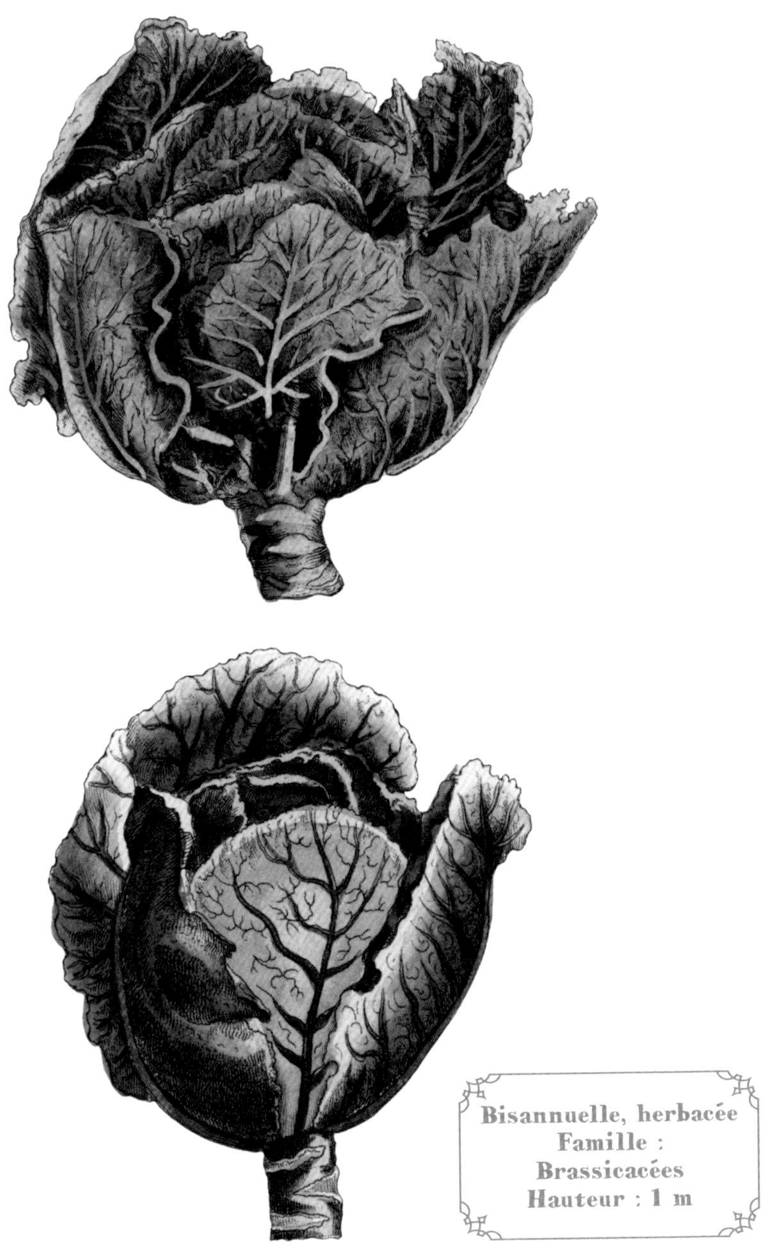

二年生草本／アブラナ科／高さ：1m

Chou-rave
コールラビ
Brassica oleracea var. gongylodes

コールラビは15世紀頃にドイツに落下した隕石なのでしょうか。はたまた自然発生した植物なのでしょうか。いずれにせよ、このヤセイカンランの変種の起源は不明です。大プリニウスが叙述したと言われますが、本当にそれはコールラビなのでしょうか。カール大帝の御料地令に記載されているとの説もありますが、「ラワカウロス（ravacaulos）」という語が本当にコールラビを指すがどうかは定かでありません。

コールラビが西ヨーロッパに登場したのは16世紀頃のことで、以降栽培されるようになりました。ディドロとダランベールの『百科全書』をもとにした『体系百科全書（*L'Encyclopédie méthodique*）』（1792年）に長い記述があることから、当時知られていて、徐々に栽培が広まっていたと考えられます。「この茎は7-8プース〔1プースは約2.54cm〕伸びるが、次々と落葉し、株はふくらみ、直径3-4プースの貯蔵根になる。食用部分は固く締まっていて、白い。緑色で厚みのあるとても頑健な樹皮に覆われている」

膝

ぽってりと肥大した茎（カブ）から、滑らかで切り込みの入った葉が生えてきます。茎は地上でリンゴほどの大きさに育ちます。ラテン語のgongylodes〔「膝」の意〕の名称は、この植物のひざまずいているような姿から来ています。2年目には茎が成長し、キャベツやその近種に独特の黄色い穂状花序をつけます。

栽培

4-6月に苗床に種をまきます。1か月半ほどしたら、四方に約30cmあけて植えつけます。茎の膨らんだ部分は地中に埋めないように。土は湿潤に保ち、ワラを敷きます。時期を逃すと筋っぽくなるので、茎が5cmほどに成長したら、早めに収穫しましょう。地下室で充分保存できますが、新鮮なうちに食べたほうがずっと美味です。

調理法

果肉は香り高く、とても繊細で、生でも加熱しても美味です。薄切りにしてミニトマトと一緒にサラダにしたり、細長く切ってソースにつけながらおつまみにしたり、オリーブオイルでさっと炒めたりと楽しみましょう。

コンパニオンプランツ

テーブルビート、レタス、タマネギ

二年生草本／アブラナ科／高さ：40cm

Courge, courgette, potiron

カボチャ属の野菜、ペポカボチャ、セイヨウカボチャ

Cucurbita pepo, Cucurbita maxima

1492年にキューバを発見したクリストファー・コロンブスは、同時に数々のカボチャ属の野菜も発見しました。これらの植物は16世紀にヨーロッパに普及し、広範囲に交配・改良されました。

1768年、ヴェルサイユで王の庭師を務めていたアントワーヌ・ニコラ・デュシェーヌは、『カボチャ属の博物学（*Histoire naturelle des courges*）』を著し、素晴らしいデッサンとあわせて100以上の植物を紹介しました。若いうちに食べるペポカボチャ〔いわゆるズッキーニ〕は17世紀のイタリアで生まれましたが、フランスに普及したのは20世紀になってから、名前が知られるようになったのはようやく1930年になってからのことでした。

色とりどりの花

カボチャ属は熱帯地方の植物で、茎には産毛が生えており、地を這うように伸び、大きな葉は浅く裂けていて、実の詰まった果実は色も形も様々です。単性の花は黄色く、じょうごのような形をしています。

栽培

カボチャ属の野菜やセイヨウカボチャは、軽くて腐葉土をたっぷりと含んだ湿潤な土壌と陽光を好みます。4月に室内の窓に近い場所に植木鉢を置き、種を2-3個ずつまきます。室温は15度が目安です。頑健な株だけをとっておき、5月に地植えにします。株同士の間は、つるなし品種の場合は80cm、つる性品種（ズッキーニ）の場合は150cmあけます。あるいは5-6月に直接地面に穴をあけて種をまいてもいいでしょう。水やりをして、ワラを敷きます。ズッキーニは充分な大きさになったら収穫します。冬のカボチャ属の野菜やセイヨウカボチャは、霜が降る前に茎を残したまま収穫します。

調理法

黄色いズッキーニを輪切りにしてシンプルにオリーブオイルで焼き、まだ歯ごたえがあるうちに、ニンニク少々とタイムを加え、果菜の香味を存分に引き出しましょう。

コンパニオンプランツ

インゲンマメ、キャベツ、エンドウマメ、セロリ

一年生草本／ウリ科／高さ：1-10m

Épinard
ホウレンソウ
Spinacia oleracea

ホウレンソウ（「ロング・トゥ・クライム（ゆっくりと上る）」）は19世紀に生まれた品種ですが、この植物自体、11世紀のスペインからまさに「ゆっくりと北上」して、15-16世紀にパリの庭園に登場しました。やがて少しずつ葉野菜の代表格となり、ヤマホウレンソウやその他土着の葉物を押しやりました。

美しいロゼット

楕円形、披針（ひしん）形〔もとがやや広く、細長くて先が尖っている形〕、滑らか、でこぼこ。ホウレンソウの葉の様子は様々です。厚みがあり、密度の高いロゼットを構成し、花茎は1mに達することも。緑色の円錐花序や団散花序〔短い花軸に柄のない花が密集してつく花序〕をつけます。しばしば種まきをした年か翌年の初めに花が咲き、花茎が伸びます。

栽培

やや重くしっかりとして、腐葉土をたっぷりと含んだ土壌を好みます。夏に花が咲いたり花茎が伸びたりしないよう、早春か9-10月に植えます。条間30cmで種まきをし、10cm間隔に間引きます。土は湿潤に保ち、ワラのマルチングをします。6-8週間後、食べる量に応じて外側から葉を摘みます。9月に種をまけば、秋と春に2度収穫ができます。やや暖かい地域では、半日向で育てましょう。

調理法

ベビーホウレンソウはミックスサラダにしたり、スイバのようにオムレツやアンズタケの炒め物にしたりして楽しめます。ホウレンソウはデトックスの力強い味方。洋ナシなどと一緒にジュースにして飲むのもお勧めです。

コンパニオンプランツ

インゲンマメ、エンドウマメ、イチゴ、セロリ

L'ARROCHE ET L'ANSÉRINE
ヤマホウレンソウとキクバアカザ

カール大帝の御料地令に掲載されているヤマホウレンソウは、ホウレンソウと味が似ていて、栽培法も同じですが、種をつけません。栽培法はホウレンソウと同じです。土着の多年生植物のキクバアカザは少々違う風味で、茎や花も食べられます（2年目）。苗床に種をまき、株間40cmで植えつけましょう。

一年生あるいは二年生草本／アカザ科／高さ：1m

Fenouil

フェンネル

Foeniculum vulgare

野生のフェンネルは地中海沿岸原産ですが、非常に古くからヨーロッパ、特に沿岸地域に広く分布していました。
フローレンスフェンネルはおそらく16世紀初頭のイタリアで栽培が始まり、徐々に北上し、ルイ13世の庭園に持ち込まれました。
18世紀にはプロヴァンスのフェンネル、イタリアのフェンネル、フィレンツェのフェンネルと呼ばれ、イタリアや地中海への夢想をかきたてました。

偽の球根

根元のふくらみは球根ではなく、ぽってりとして葉鞘（ようしょう）のある葉柄からなっています。フランス語ではこの部分は「ポム〔リンゴ〕」とも呼ばれます。葉は細く裂け、2年目には花茎に黄色い散形花序がつきます。

栽培

湿潤で水はけがよい土壌と陽光を好みます。4-5月に苗床に種をまき、数枚葉が生えてきたら、株間20cmで植えつけます。あるいは条間20cmで種まきをして、20cmに間引きします。数cmの深さの溝を掘ってから種まきや植替えをして、土を盛るのがいいでしょう。水やりは定期的に。ワラのマルチングがお勧めです。収穫の1週間前に根元の部分に土を盛ると、柔らかい口当たりになります。かなりのボリュームなので、食べる量に応じて収穫しましょう。

調理法

生で薄切りにしてオレンジを少々加えると、甘くて爽やかなサラダの出来上がりです。フェンネルは魚の味わいを引き立てます。シンプルにニンニク少々とタイムを1枝加えて蒸し煮にすると、風味を存分に引き出せます。

コンパニオンプランツ

ニンニク、タマネギ、ポロネギ、カブ

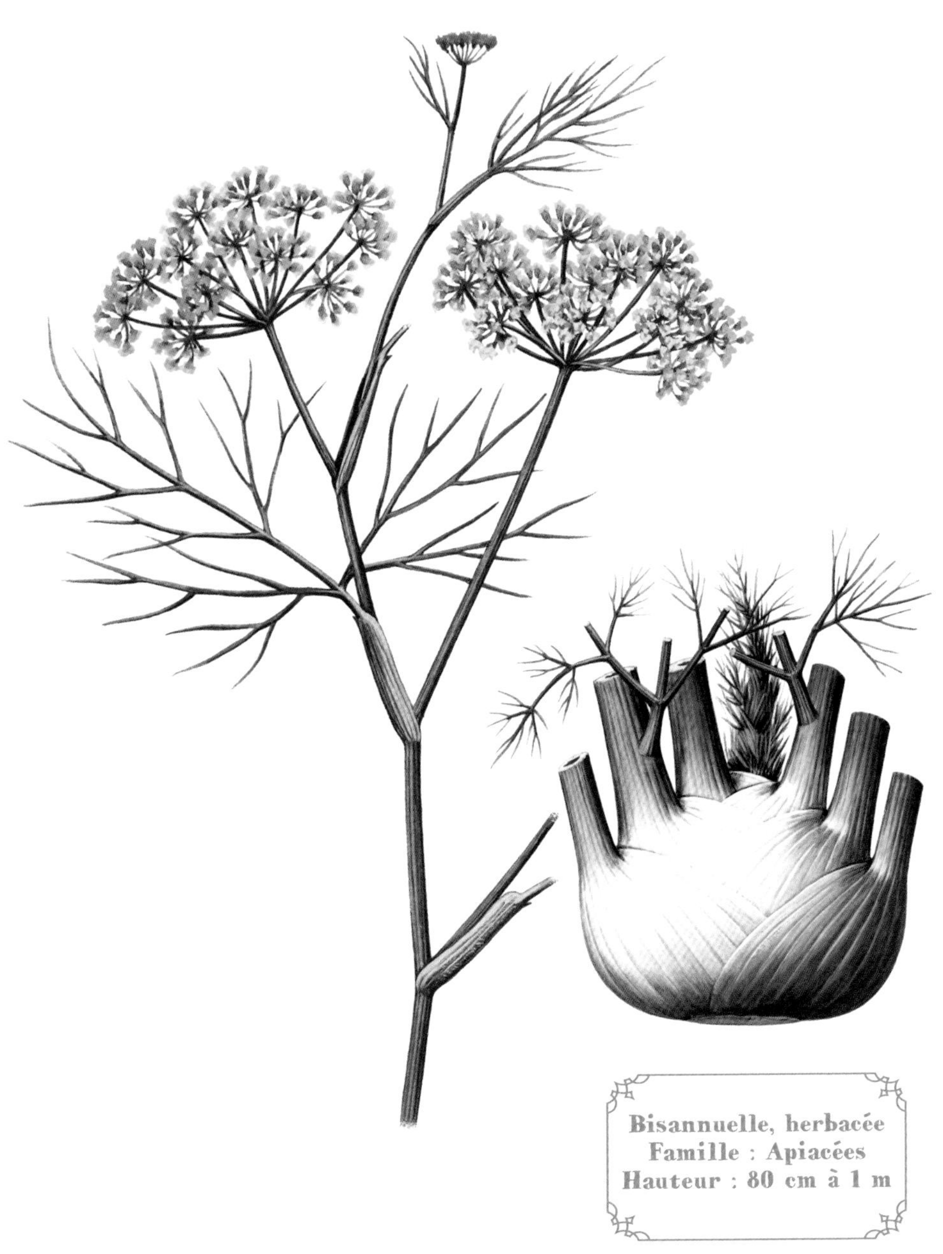

二年生草本／セリ科／高さ：80cm-1m

ソラマメ

Vicia faba

ソラマメは苦労続きでした。
マメが睾丸の形をしているというだけでケチをつけられ、
古代では食用が禁止されていたのです。
しかし中世の庭では盛んに栽培され、修道士たちの日常食でもありました。

ソラマメはカール大帝の御料地令の一覧にも掲載されており、11世紀のクリュニー修道院に迎えられた貧者は、「食料として、1週間に4日、ソラマメをもらい、残りの3日間は野菜をもらっていた」そうです（注1）。非常に古くから栽培されていましたが、野生種は消滅しました。

1年生植物のさや

茎はすらりと伸び、空洞で、分岐しません。葉は複葉に分かれていて幅が広く、厚みがあり、灰色がかっています。花は白やピンク色で、黒い斑が入っており、小さくまとまって咲きます。その後、緑色の立派なさやが現れ、黒っぽくなります。大ぶりな豆は黄色がかかったあるいは緑がかった白です。

栽培

日当たりがよく、湿潤で、深さのある土壌を好みます。3-4月に、条間40-45cm株間12-15cmで種をまきます。定期的に水をやり、茎が20cmほどになったら根元に土をかぶせます。生で食べる場合は、まだ若いうちにさやを収穫し、黒くなる前に食べます。保存する場合は、完熟を待ちます。ソラマメはアブラムシに狙われやすいので、6個目の花の上で茎を摘みましょう。

調理法

シンプルに皮をむいて塩だけで生のまま食べると、豊かな香りが広がります。皮をむき、生でクミンとニンニク少々を加えても。しかし何といっても、定番はタマネギ少々とオリーブオイルを加えたソラマメのマッシュで、中世の修道士たちも食べていたことでしょう。

コンパニオンプランツ

アーティチョーク、セロリ、ジャガイモ

1『クリュニー会の古慣習法（Udalric, *Antiquiores consueludines cluniacensis monasterii*, traduction Cucherat）』

Annuelle, herbacée
Famille : Fabacées
Hauteur : 40 cm à 1 m

一年生草本／マメ科／高さ：40cm-1m

Haricot
インゲンマメ
Phaseolus vulgaris

インゲンマメはインゲンマメ以前から存在していました。どういうことかというと、
フランス語でインゲンマメを指すアリコ（haricot）という言葉は、
マトンとソラマメの煮込み料理を意味しており、
アリゴテ（harigoter）という動詞は「肉をいくつかの塊に切る」という意味だったからです。
これとメキシコのナワトル語のアヤコルト（ayacolt）が混じった可能性もあります。

インゲンマメはヨーロッパでは新顔で、16世紀に栽培が始まり、18世紀になってようやくカスレ〔フランス南西部の郷土料理〕でソラマメの代わりに使われるようになりました。しかしコロンブス到来前のアメリカ大陸では、何千年も前から食べられていました。

つるあり種とつるなし種

つるあり種のインゲンマメは、細い茎が支えに巻きつくように伸び、野生植物に最も近い品種と考えられます。つるなし種のインゲンマメはたくさんの枝に分かれます。葉は3つの楕円形小葉からなり、白から赤まで多様な色合いの花（蝶の形）が小さな房状に咲きます。

栽培

種子は、日当たりがよく涼しい所で、水はけのよい土壌に深くまきます。サヤインゲンは5-7月に、インゲンマメは5-6月に種まきします。早く芽が出て丈夫に成長するには、地面が充分に温まるのを待たねばなりません（フランスの首都圏では5月15日頃）。つるなし種の種子は40cmの間隔で（千鳥状に）まき穴をあけ、6粒ずつ種まきします。つるあり種は株間50cm、条間70-80cmで2列、まき穴をつくって種まきします。15cmの高さになったら、根元に土を盛ります。水やりは定期的に。つるあり種の支柱は線の外側に設置し、傾けて中央を横木でつなぎます。サヤインゲンは成長に合わせて収穫し、インゲンマメはさやがしっかり膨らんだら摘みましょう。

調理法

サヤインゲンは軽くて健康的な食材の代表。ミントとレモン少々、オリーブオイルでサラダにすると、爽やかさが引き立ちます。またトマトソースとも相性がよく、チキン類の理想的な付け合わせになります。タラゴンを一つまみ加えても。

コンパニオンプランツ

ニンジン、イチゴ、キャベツ、トマト、キュウリ

Annuelle, herbacée
Famille : Fabacées
Hauteur : 30 cm à 3 m

一年生草本／マメ科／高さ：30cm-3m

Maceron
マセロン
Smyrnium olusatrum

大きなセリ、馬のパセリ、大パセリとも呼ばれ、ローマ人によりフランスに持ち込まれました。
イタリア語で「マケドニアパセリ」を意味するマチェローネ（macerone）を語源とします
（ただし現代のマケドニアではなく、ギリシャ北部の古代マケドニア）。
17世紀まで食用植物として広く栽培されていましたが、その後セロリに取って代わられました。

大きくて頑健

円筒形の太い茎がまっすぐ伸び、明るい緑色で幅広の葉には切込みが入っています。霜が降りなければ、冬の間は葉が青々と密に茂ります。花序は白っぽい緑色で、晩春になると、セリ科には珍しく大きな黒い実がなります。

美味な中世の野菜

マセロンは人々が想像する中世の料理や香りにぴったりの美しい葉菜類です。葉としっかりとした茎の風味は強烈でかなり苦いのですが、とても香り高く、ポタージュや煮込み料理のアクセントになります。若芽はより柔らかな味わいで、生で食べられます。根は太くて黒いのですが、中は白く、ポトフに入れたりジャガイモやカブと一緒にマッシュにしたりします。乾燥させた実も強烈な風味で、コショウのようにグラインドして料理に使います。

栽培

セロリと同じで、3-4月に苗床やガラス屋根の箱に種をまき、2か月後に地植えにします。肥沃で水はけのよい土壌を選び、条間60cm株間40cmで植えます。葉を少しずつ収穫しますが、つぼみもサラダを美しく彩ります。根は冬の間、ワラで覆って土中で保存できます。

ANTISCORBUTIQUE
抗壊血病効果

マセロンは主に地中海、大西洋、英仏海峡沿岸に自生しています。抗壊血病効果のある植物として、船乗りのために港付近で栽培されていたからかもしれません。

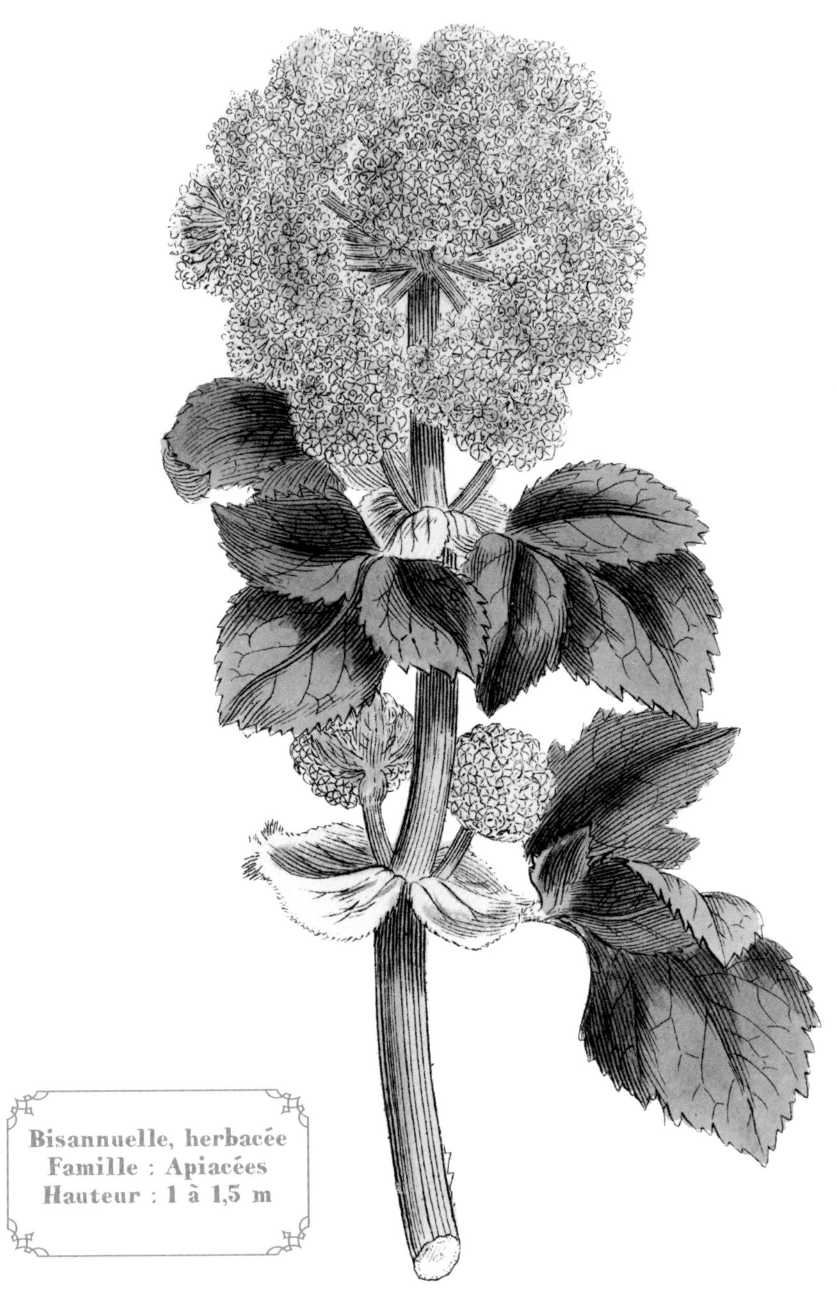

二年生草本／セリ科／高さ：1-1.5m

Melon
メロン
Cucumis melo

「酔狂にもまずいメロンを食べようと思ったら、
パリから取り寄せねばならないとは何とも意外です」。
文人セヴィニエ夫人は1694年9月に、
娘の住むグリニャン城（現ドローム県）からクランジュ氏に宛ててこう書いています。

夫人はきっとカンタロープという品種を堪能していたのでしょう。カンタロープは修道士によってアルメニアから持ち込まれ、ローマ北カンタルーポ教皇庁の庭で栽培され、16世紀のイタリアで品種として確立したと言われます。御料地令にも登場するそれ以前のメロンは、スペインの数品種を除いて、ほとんど甘くなかったようです。1870年には風刺画家アンドレ・ジルが、「果汁と光が詰まっていて、夏の逸品とも言うべき果実」と謳っています。

大ぶりな花と大きな果実

メロンはたいてい地を這いながら成長します。長い茎には産毛が生え、巻きひげが伸び、葉柄のある大ぶりな葉はハート形で浅く裂けています。じょうごのような形をした黄色く美しい花が咲いた後に、実の詰まった大きな果実が姿を現します。

栽培

メロンは寒さに弱いので、温かく日当たりのよい場所を選び、肥沃で軽く、酸性ではない土壌を整えます。暖かい部屋の窓の近くに、スコップで3つずつ種をまきます。1週間もしないうちに発芽するので、数枚葉が生えてきたら、しっかりした株だけを選びます。スコップで掘り返して、頑健に育てましょう。土がしっかり温まったら（フランス首都圏では5月末）、地植えにします。定期的に水やりし、ワラで覆います。剪定はやや難しいのですが、最近の品種（栽培にお勧め）は別で、葉が4-6枚生えてきたところで茎を摘みます。種をまいてから4-5か月後、果実が熟していい香りがしてきたら収穫の時期です。

調理法

そのままで食べるのが最高です。切ってよく冷やして、ビーチで楽しみましょう！ メロンだけの、またはトマトと合わせたガスパチョもお勧めです。

コンパニオンプランツ

インゲンマメ、エンドウマメ、レタス、キャベツ

Annuelle, herbacée
Famille :
Cucurbitacées
Hauteur : 2 m

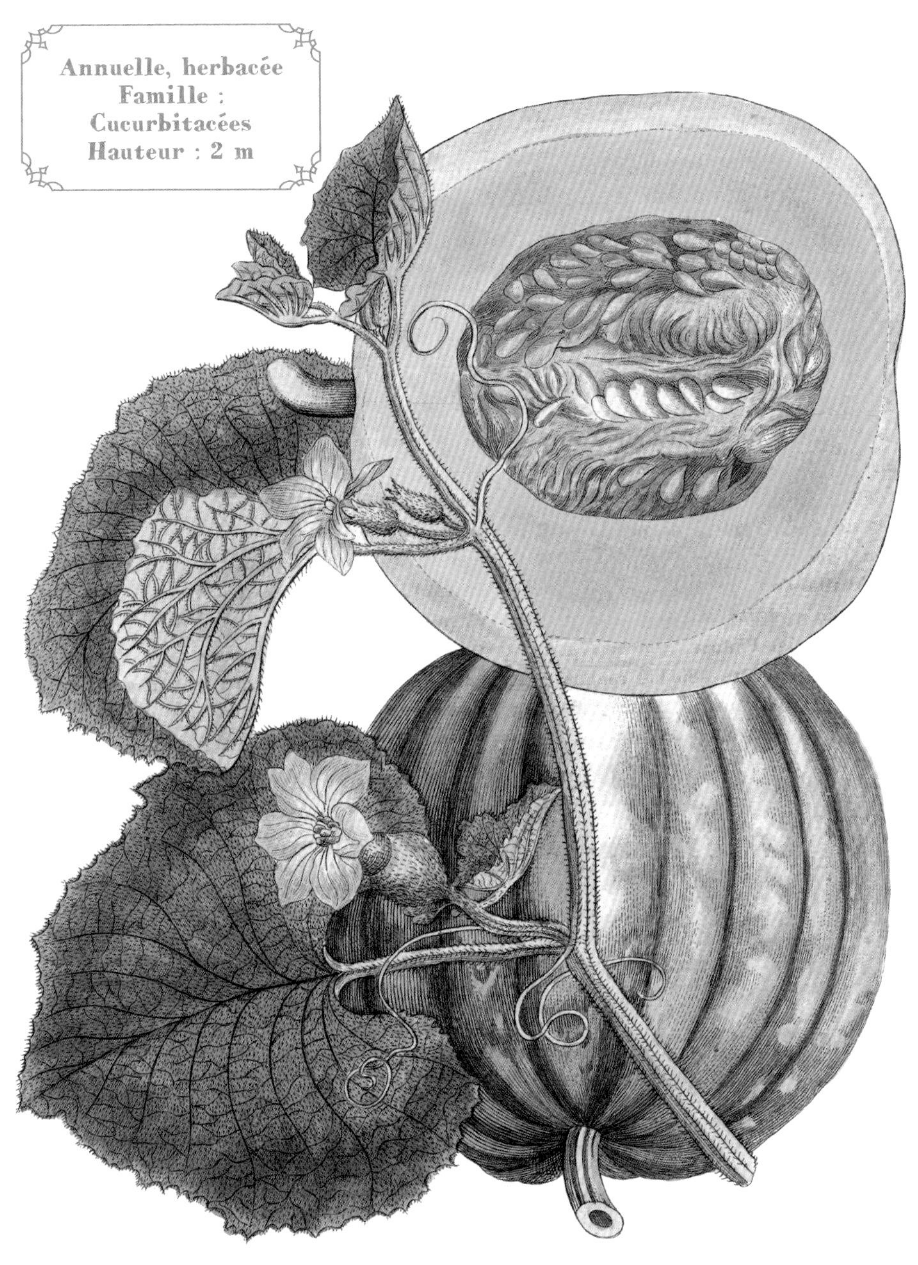

一年生草本／ウリ科／高さ：2m

Mongette
ハタササゲ
Vigna unguiculata subsp. Cylindrica

黒目のハタササゲとか、コルニーユハタササゲ、バネットハタササゲ、
ニエベハタササゲなど、10以上もの呼び名のある植物です。
アフリカの熱帯地域原産で、現地では昔から広く栽培されていました。
古代にヨーロッパに持ち込まれ、御料地令でも言及されています。

その後アメリカに持ち込まれると、広範に栽培され、インゲンマメの影を薄くしてしまいました。けれどもヨーロッパでは逆にインゲンマメがササゲに取って代わりました。ササゲやその他の豆は修道士たちの日常食です。フランス語でササゲを意味するモンジェット（mongette）は、オック語〔大まかに現在のフランス南部に当たるオクシタニア地域で話されていた言葉〕で修道士を意味するモンジュ（monge）から来ているのかもしれません（ただし確実とは言い難いのですが）。ササゲはジュウロクササゲ（近種）やモジェットと呼ばれるシロインゲンとは別物なので注意しましょう。

黒い斑の入った白い豆

茎が分岐し、葉は3枚の三角形の小葉の複葉に分かれています。蝶の形をした葉は白あるいはピンクで、長さ15-25cmの緑色のさやが出てきます。豆はたいてい白で、黒い斑が入っています。

栽培

寒いところが苦手なので、5月末前、場合によっては6月前の種まきは控えます。暖かく日当たりのよい所、肥沃で湿潤な土壌を選びます。条間40cm株間10cm間隔で1粒ずつまき、定期的に水やりをしてワラで覆います。インゲンマメと同様に緑色のさやを収穫するか、さやのまま乾燥させます。栽培には約4か月かかります。

調理法

さやと豆を使ったユニークな料理なら、アフリカ（特にセネガル）や南北アメリカのレシピがお勧めです。ササゲ（英語ではブラック･アイド･ピー）とタマネギ、ベーコン、コメを使ったアメリカのホッピン･ジョンという一品は、腹持ちもよく美味です。

コンパニオンプランツ

ニンジン、キャベツ、イチゴ、トマト

Annuelle, herbacée
Famille : Fabacées
Hauteur : 60 cm

一年生草本／マメ科／高さ：60 cm

Navet
カブ
Brassica rapa

カブはカール大帝の御料地令の栽培推奨植物リストにこそ出てきませんが、
文書自体は **napibus** という名称でカブに言及しています。
はるか昔からある根菜で、冬の食材として重宝されてきました。

古代ローマでは様々な品種が栽培され、中世の菜園では丸いカブ、長細いカブ、平らなカブ、白、紫、黄色いカブが育てられていました。文人ラブレーはフランス中部リムーザンでカブが大量に消費されていて、「マシュラブ（mascherabbe）」と呼ばれていると書いています。

丸、平ら、細長……

葉は楕円形で葉柄があり、ロゼットを構成しています。根はでっぷりとしていて、丸い形、平らな形、細長い形をしています。2年目には長い花茎が出て分枝し、黄色い穂状花序をつけます。

栽培

軽くて、腐葉土をたっぷりと含み、中性あるいはやや酸性の土壌を好みます。春は日当たりがよく、秋はやや半日向になる場所を選びます。春や夏のカブは、3-6月に条間25cmで種まきします。あまり土は盛らずに、上から押さえて、水やりします。3-4枚葉が生えてきたら、10cmに間引きします。秋や冬のカブ（保存用）は7-8月に種まきします。乾燥すると、根に穴があいて辛くなるので、土は湿潤に保ちます。8-10週間後に出てくる最初のカブは初物ですので、引き抜いて食べましょう。こうすることでほかのカブが成長するゆとりもできます。保存用のカブは霜が降りる前に収穫し、葉は根元で切ります。

調理法

カブの葉は捨てずに。特に若くて新鮮な葉は貴重な食材です。カブのヴルーテスープも捨てがたいのですが、ポルトガルのように、ニンニクとオリーブオイルで3-4分炒めた一品も美味です。

コンパニオンプランツ

ディル、テーブルビート、セロリ、フェンネル、インゲンマメ、エンドウマメ、トマト

二年生草本／アブラナ科／高さ：80cm

Oignon
タマネギ
Allium cepa

おそらくアジア原産ですが、野生種は見つかっていません。
しかし何千年も前から古代エジプトで栽培されていたことは確かで、聖書にも登場します。
中世の修道士や農民たちの食卓ではおなじみの春の食材です。

オニオンスープは14世紀の『パリの家政案内』にも出てきますが、パンをひたしてボリュームアップしていたようです。18世紀の植物学者トゥルヌフォールは、ディドロとダランベールの『百科全書』を参考に「13の品種」を挙げ、「現代の庭でもっともありふれた野菜は、白あるいは赤いタマネギだ」と書いています。

立派な球根

タマネギの葉は空洞の円筒形で、ふっくらとした球根から伸びています。球根は平ら、細長などの形状で、色も様々です。2年目には花茎が伸びますが、やはり空洞で、先端に大きな傘のような球状の緑や白のトーンの花を咲かせます。

栽培

タマネギは湿った土を嫌い、水はけがよく、軽く、腐葉土をたっぷりと含んだ、しばらくコンポストが入れられていない土壌と陽光を好みます。10日ほどで発芽したら、2度間引きします。まず5cm（引き抜いたタマネギは美味）、次に10cmです。収穫は葉が黄色くなる8-9月に。白タマネギは8-9月に苗床に種をまき、温暖な地域では10月末、その他の地域では3月に株間10cmで植え替え、4-6月に収穫します。小さい球根を買い、3-4月に植えても。その場合、種から育てるよりも早く収穫できますが、保存はやや劣ります。

調理法

伝統的なオニオンスープは、冬に元気をつけてくれます。野菜のブイヨンをベースにした、軽めのベジタリアンオニオンスープもお勧めです。オニオンサラダは爽やかな夏の一品。小ぶりなタマネギをスライサーで薄切りにしたタマネギだけのサラダを試してみては。

コンパニオンプランツ

ニンジン、トマト、キュウリ、テーブルビート

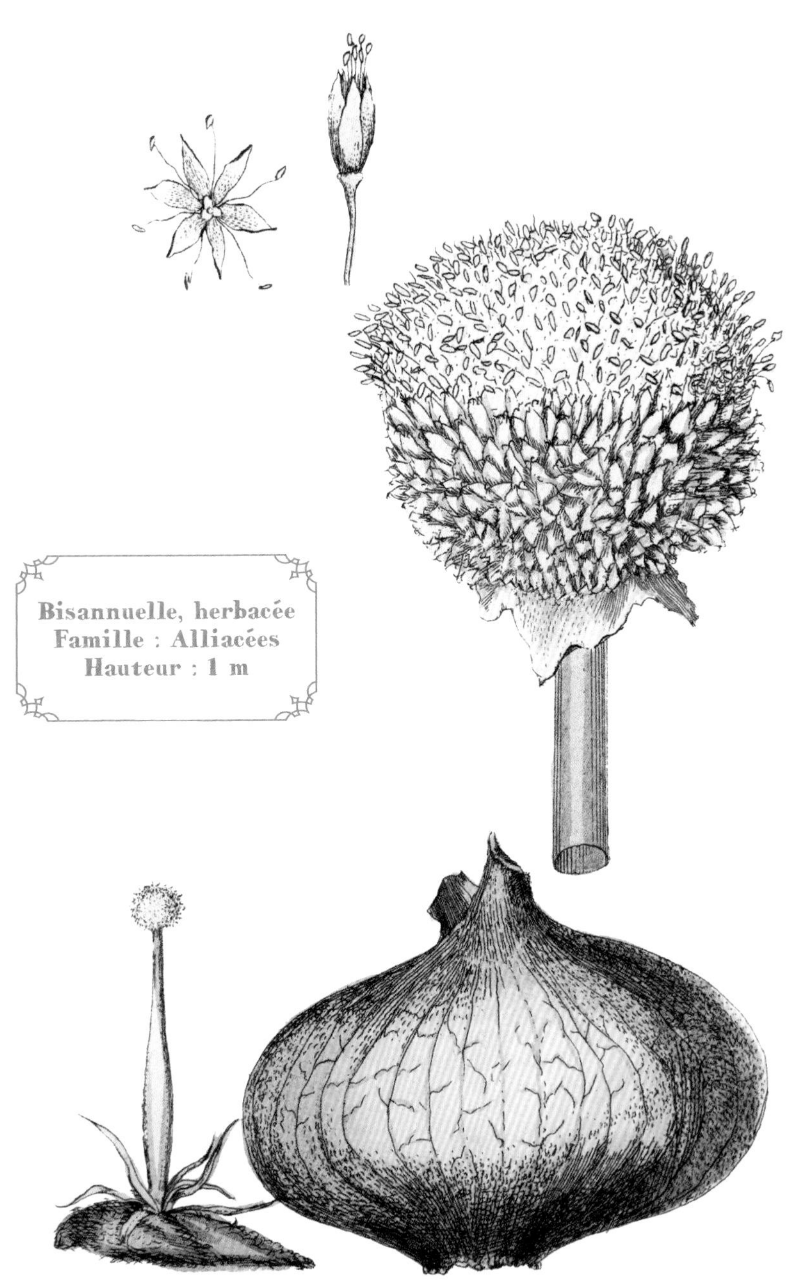

Bisannuelle, herbacée
Famille : Alliacées
Hauteur : 1 m

二年生草本／ヒガンバナ科／高さ：1m

Panais
パースニップ
Pastinaca sativa

御料地令に出てくるパステナカス（pastenacas）はパースニップという説もありますが、本当にそうなのでしょうか。ニンジンなどの根菜とも考えられます。というのも、この語は様々な根菜を指していたからです。

少なくとも、パースニップが中世の庭で広く栽培されていたことは確実です。ブタの飼料だったとも言われ、実際、ベネディクト会修道士ゴティエ・ド・コワンシー（1177-1236年）は、「雌ブタはパースニップと同じく、銀の搾りかすのようなハチミツも好物だ」と書いています。

草本

パースニップの葉は中央の葉脈まで切り込みの入った小葉からなる複葉で、産毛が生えています。白くボリュームのある根は垂直に伸び、短期間で成長します。2年目に生えてくる茎は空洞で、縦に筋が入り、大ぶりな黄色い散形花序をつけます。

栽培

パースニップは、腐葉土をたっぷりと含み、深くすき返して柔らかくなった、どちらかというと石灰質の土と陽光を好みます。3-6月に、条間30cmで直接種をまき、1cmほど土を盛り、上から押さえて水をやります。発芽までの期間は2週間、またはそれ以上と一定していませんが、3枚ほど葉が出てきたら、12-15cmに間引きします。温暖な地域では9月に種をまきます。水やりはほどほどに。あるいはまったくしなくても大丈夫です。ワラでマルチングするといいでしょう。食べる量に応じて収穫します。種まきから4か月ほど経った頃から収穫できます。9月に種まきをすれば、収穫は4-5月です。すぐに発芽能力が落ちてしまうので、前年の種を使いましょう。

調理法

若い葉はとても香り豊か。収穫時に葉も摘んで、ポタージュにして楽しみましょう（ズッキーニを入れても）。洋ナシとの相性がよく、タマネギを少々加えてスープやクリーム煮にするのもお勧めです。けれども子どもの好物は何といっても、牛乳やナツメグを加えたパースニップのマッシュです。

コンパニオンプランツ

ニンジン、キャベツ、タマネギ、ポロネギ、ダイコン

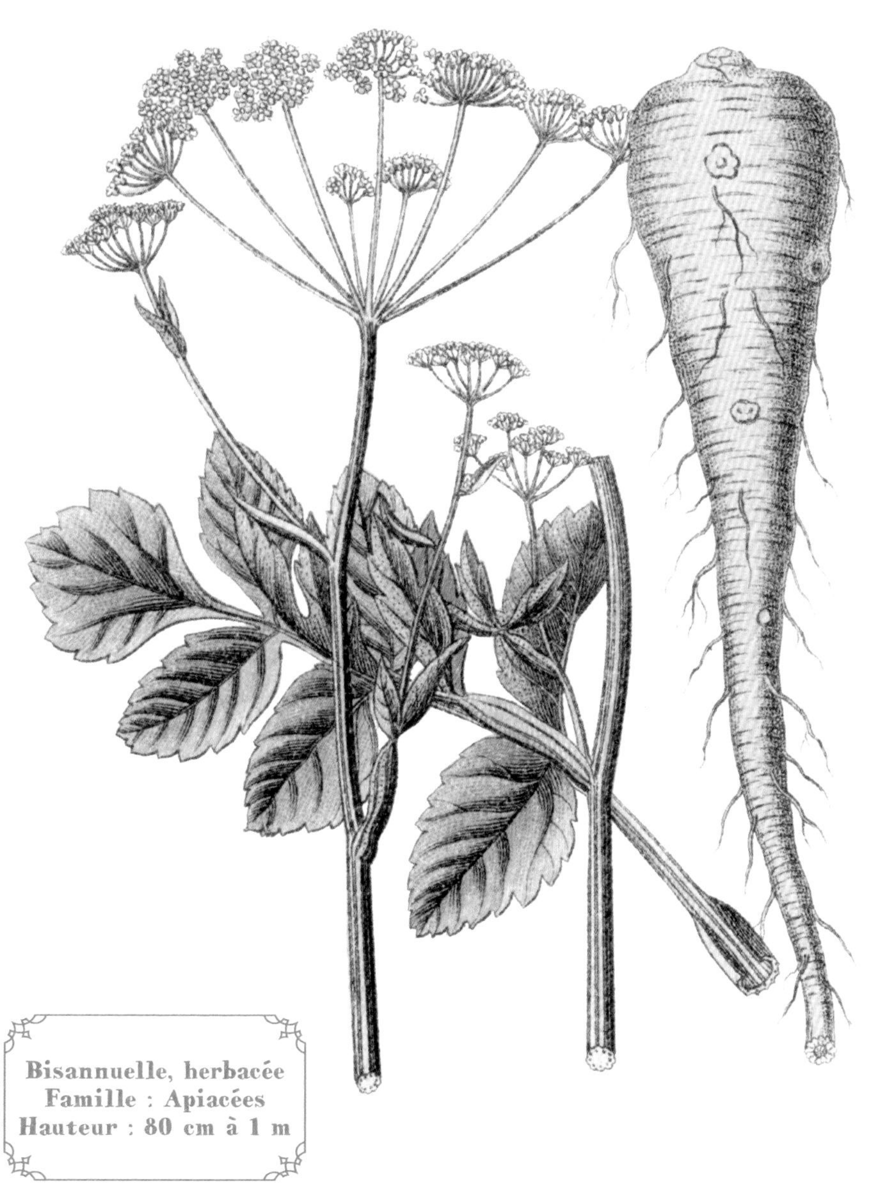

Bisannuelle, herbacée
Famille : Apiacées
Hauteur : 80 cm à 1 m

二年生草本／セリ科／高さ：80cm-1m

Poireau

ポロネギ

Allium porrum

中世の修道院の食卓ではポレと呼ばれるとろりとしたスープや、
ハーブのみじん切りが定番だったようで、ポロネギは特に重宝されました。
御料地令でも言及されていますが、
当時のポロネギがどのような形状だったのかはわかっていません。

ヨーロッパの植物相を構成するポロネギは、かなり昔からあちこちで栽培され、盛んに消費されていました。17世紀初頭の農学者オリヴィエ・ド・セールは、雌鶏の緩下剤としてポロネギを勧めており、「時々ポロネギを少量やるとよい」と書いています。

文人ラブレーももちろんポロネギに言及しており、老齢の男性をポロネギにたとえて「頭は白く、尾は緑色でまっすぐでたくましい」と述べています(『パンタグリュエル物語』1532年)。

葉と茎

葉は長くて平らで、少々厚みがあり、基部は茎を覆うようにして、葉鞘(ようしょう)部を形成します。2年目に伸びる花茎には、白っぽいあるいは緑がかった散形花序がつきます。

栽培

ポロネギはなかなか気難しく、肥沃で湿潤な土壌と陽光を好みます。早生種は3月に、晩生種は冬の収穫に向けて4-5月に種まきをします。苗床に植え、上からしっかりと押さえて、土は湿潤に保ちます。鉛筆ほどの太さになったら、条間30cmの小さな溝に株間10-15cmで地植えします。土はあくまで湿潤に、ワラのマルチングをした方がいいでしょう。白い茎になるよう、各段階で根元に土を盛ります。

調理法

エシャロット少々と生クリームを加えたポロネギのフォンデュ〔クリーム煮〕は絶品ですが、定番のポロネギとジャガイモのスープや、チャイブを少々とヴィネグレットソースを添えたシンプルなサラダも捨てがたい一品です。

コンパニオンプランツ

イチゴ、ニンジン、セロリ、トマト

二年生草本／ヒガンバナ科／高さ：1-1.5m

Pois
エンドウマメ
Pisum sativum

文人ラブレーによれば、善良で知識欲豊かなパンタグリュエルはサン＝ヴィクトール図書館でたくさんの本を読んだそうですが、その中に『ラードで風味をつけたエンドウマメ、コメント付き』という本もあったとか。ラードで風味をつけたエンドウマメは、中世初期の都市や農村の定番料理の一つですが、本の題名としてはずいぶんと奇妙です。

カール大帝の御料地令で言及されているのは乾燥豆で、生のグリーンピースがイタリアからフランスに持ち込まれたのは、ようやく17世紀になってからのことです。ルイ14世の食卓に供されて大変な人気となり、王の愛人マントノン夫人は1696年にノアイユ司教に宛てて、「グリーンピース騒ぎは相変わらず続いており、ここ4日間、王族の男性たちは3つのことにかかりきりです。すなわちグリーンピースを食べたいとしびれを切らし、食べた後には大喜びで、また食べる楽しみを追いかけるというわけです。多くのご婦人たちは、国王とたっぷり夕食をとった後にも、自宅で就寝前にまたしてもグリーンピースを食べます。消化不良になる恐れがあるのですが……(後略)」と書いたほどです。

美しい花

空洞の茎から生える葉は、2-3組の小葉からなる複葉で、葉柄からは巻きひげが出ています。白や紫色の蝶のような愛らしい小花が咲いたあとに、豆の入ったさやが出てきます。豆はしわの寄ったもの、滑らかなものの両方があります。

栽培

エンドウマメは、軽くて湿潤な土壌と陽光を好みます。種まきは3-6月に。条間30cm（つるなし）あるいは40cm（つる性）株間3cmで1粒、まず滑らかな種、次にしわのある種をまきます。サヤインゲンは5-7月に種まきします。水やりは定期的に。芽が出てから約3週間後に株に土を盛り、支柱を立てます（矮性インゲンも同様）。エンドウマメはさやが膨らんだら、サヤインゲンは豆がなったら収穫しましょう。

調理法

脂身で調理したエンドウマメは最高に中世らしい料理。割れた乾燥豆を水につけて、最低2時間以上煮込みます。オリーブオイル、ビネガー少々、ニンニクを加えた生のグリーンピースも美味です。

コンパニオンプランツ

ニンジン、カブ、ダイコン、ホウレンソウ、インゲンマメ

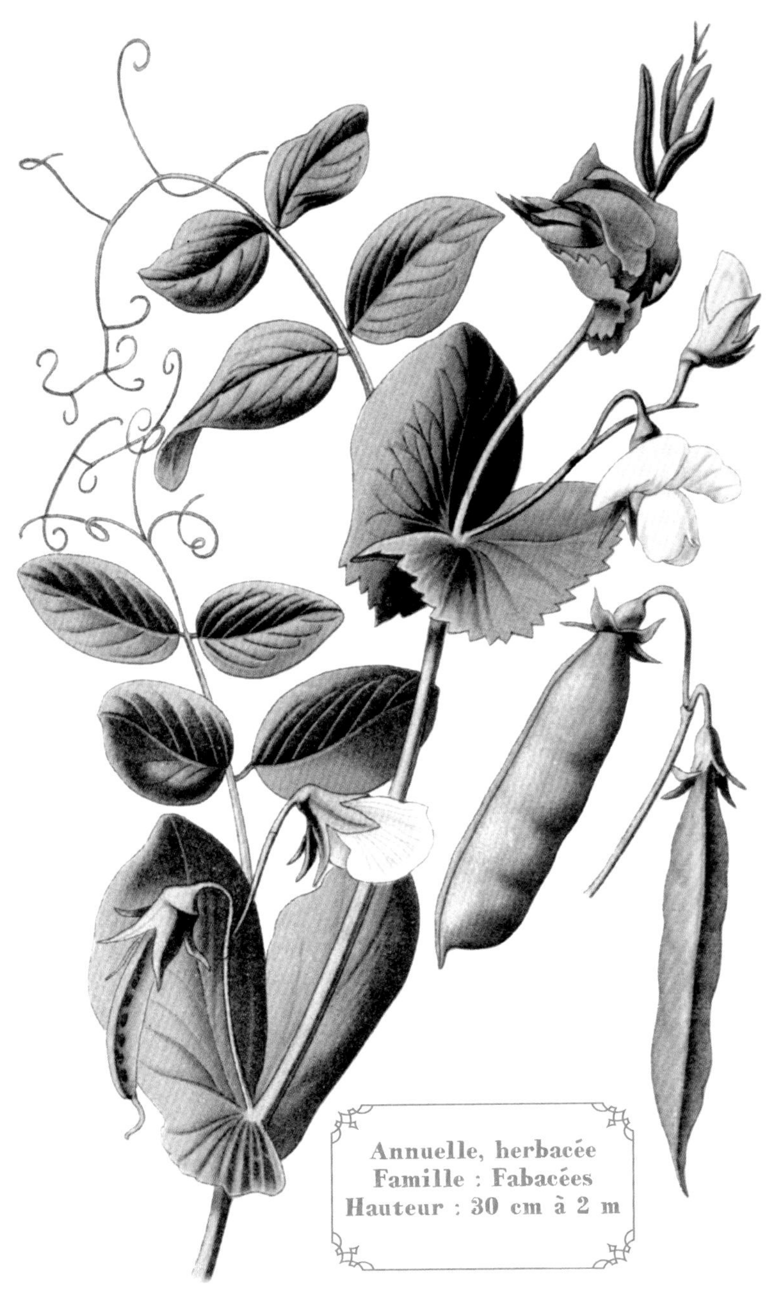

一年生草本／マメ科／高さ：30cm-2m

Rue

ヘンルーダ（ルー）

Ruta graveolens

ヘンルーダは悪臭のルーとか庭のルーなどとも呼ばれます。
中世の庭では薬草として栽培されていて、性欲を減退させ、
精子の生成を抑える働きがあると信じられていました（根拠はありません）。

ドイツの植物学者ヒエロニムス・ボック（1498-1554年）は『植物本（*New Kreuterbuch von Underscheidt*）』（1539年）の中で、「純潔を守りたいと願う修道士や聖職者は、食事や飲み物でヘンルーダを摂取すること」と書いています。ヘンルーダに堕胎作用があるのは事実で、強烈な腹部収縮を引き起こし、恐ろしい結果につながりかねないので、それを目的に栽培されていたとしてもおかしくありません。解毒作用や抗ペスト効果もあると言われていました。

軽い葉ぶりと黄色い花

ヘンルーダは美しい立ち姿の植物。茎は太くてまっすぐに伸び、葉はブルーグリーンの小葉からなる複葉です。軽い葉ぶりで、あまり落葉しません。夏になると葉の上に、黄色い小花の散房花序〔花茎から散るように広がって咲く花〕をたくさんつけます。

強烈な風味

ヘンルーダは独特で、悪臭とも言えるほど奇妙なにおいがします。味は強烈で苦く、樟脳に似ており、すでに古代には芳香性植物として使われていました。現代でもチーズ、グリル料理、飲み物の香りづけにヘンルーダの葉を使いますが、大量に摂取すると毒性があり、皮膚炎を引き起こすこともあります（光線過敏）。

栽培

春に苗床や小鉢に種をまきます（種は秋に収穫できます）。地植えにするときは、普通の土に30-50cmの間隔をあけます。主茎や側茎は簡単に挿し木できます。夏に挿し木をして、氷点下にならない場所に置きましょう。

多年生植物／ミカン科／高さ：60cm-1m

Salsifis, scorsonère

サルシファイ（西洋ゴボウ）、キバナバラモンジン

Tragopogon porrifolius, Scorzonera hispanica

この二つの植物は姿も味も、その軌跡もよく似ています。
いずれも地中海地域原産で、何世紀もかけて改良され、
イタリアから北へと持ち込まれました。

サルシファイの存在はアンリ4世時代に確認されており、農学者オリヴィエ・ド・セールはセルシフィと記述しています。キバナバラモンジンが持ち込まれたのはその少し後のことですが、両者は共存しています。王の庭師ラ・カンティニーは「スコルソネールとも呼ばれるスペインのサルシファイは、私たちの主要な根菜で（中略）、加熱すると味わい豊かで体にもよく、優れている」と書き（『果樹園と菜園の教え（*Instruction pour les jardins fruitiers et potagers*）』）、「一般的なサルシファイにはそれほど目立った利点はない」とも付け加えました。ただし実際には、この二つの味の識別は難しいです。

垂直に伸びる根

サルシファイには細くて尖った葉が密生し、ロゼットを構成します。根は白く、垂直に伸び、ボリュームがあります。キバナバラモンジンの葉も密生しますが、より幅広で、根は黒い円筒形です。

栽培

サルシファイもキバナバラモンジンも、軽くて深い砂質の土壌と陽光を好みます。4月に地面が温まったら、条間30cm間隔で地植えして、株間10cmに間引きします。ワラで覆い、湿潤に保ちましょう。栽培期間は6-7か月。秋または冬に収穫しますが、温暖な地域では根はそのままにしておけます。

調理法

べたべたとするので、皮むきは一苦労です。根から出る液がこびりついて指が汚れるので、手袋をして水を流しながらピーラーでむきましょう。小さく切ったら、変色しないようにレモン水につけます。ポテ、ポトフ、スープに使うか、チャービルのみじん切り少々を加えて食べます。若芽はサラダとしても楽しめます。タマネギ少々と生クリームを加えたヴルーテスープは逸品です。

コンパニオンプランツ

ニンニク、タマネギ、ポロネギ、ニンジン

サルシファイ　二年生草本／セリ科／高さ：1m
キバナバラモンジン　多年生あるいは二年生草本／セリ科／高さ：1m

Tomate
トマト
Lycopersicon esculentum

1000年頃のある暑い夏の日、爽やかなトマトサラダを前に、涼しい長衣姿の修道士たちが食卓についています。けれどもこの光景には歴史的錯誤があります。というのも、中世には生の食材を食べることはごくまれで、果菜はとても珍しかったからです。

もちろん、だからと言って「修道院風」の庭でトマトを栽培しない手はありません。この果菜がロワール川以北で消費されるようになったのは、たかだか18世紀末のことですが、その道は決して平坦ではありませんでした。ベラドンナに似ているために、人々は長いこと不信感がぬぐいきれず、スペインではようやく17世紀になってからトマトを食べ始めたほどです。しかし19世紀になると、突如として世界的に有名になりました。

寒がりだけれど頑健

トマトは南米アンデス高原地帯原産で、茎はギザギザとして厚みがあり、匍匐(ほふく)性あるいはつる性で、直立することはほとんどありません。葉は5-7枚の小葉からなる複葉で、房状の黄色い花が咲いた後に果実がなります。果実の外観はとても多様です。冬になるまで茎が伸び続ける非芯止まり(高性)成長の品種と、茎がある時点で伸びなくなり、側芽をつける芯止まり(矮性)の品種は区別して考えましょう。

栽培

2-3月に気温が20度になったら、ポットにまき穴をつくり4-5粒の種をまき、少量の細かい土で覆います。発芽には6-12日かかります。あまり暑くない部屋の、日光が当たる窓の近くに株を置きます。植え付け予定日の3週間前に、徐々に外に出して寒さに慣れさせます。フランス首都圏では5月15日頃に、庭に植えます。各株の間隔は60-80cmあるいは最高1m。植える前に支柱を設置しましょう。水やりは定期的に。ワラを根元に敷いて、わき芽〔葉と根の付け根(節)から出る芽〕を取り除きます。非芯止まりの品種は、5段目の花房の上で茎を切ります。

調理法

果物と合わせましょう。トマトとプルーン、トマトとモツァレラ、生のイチジク、ポロネギ、トマトにつけたポロネギなどのタルトは美味です。

コンパニオンプランツ

セロリ、バジル、ニンジン、タマネギ、パセリ

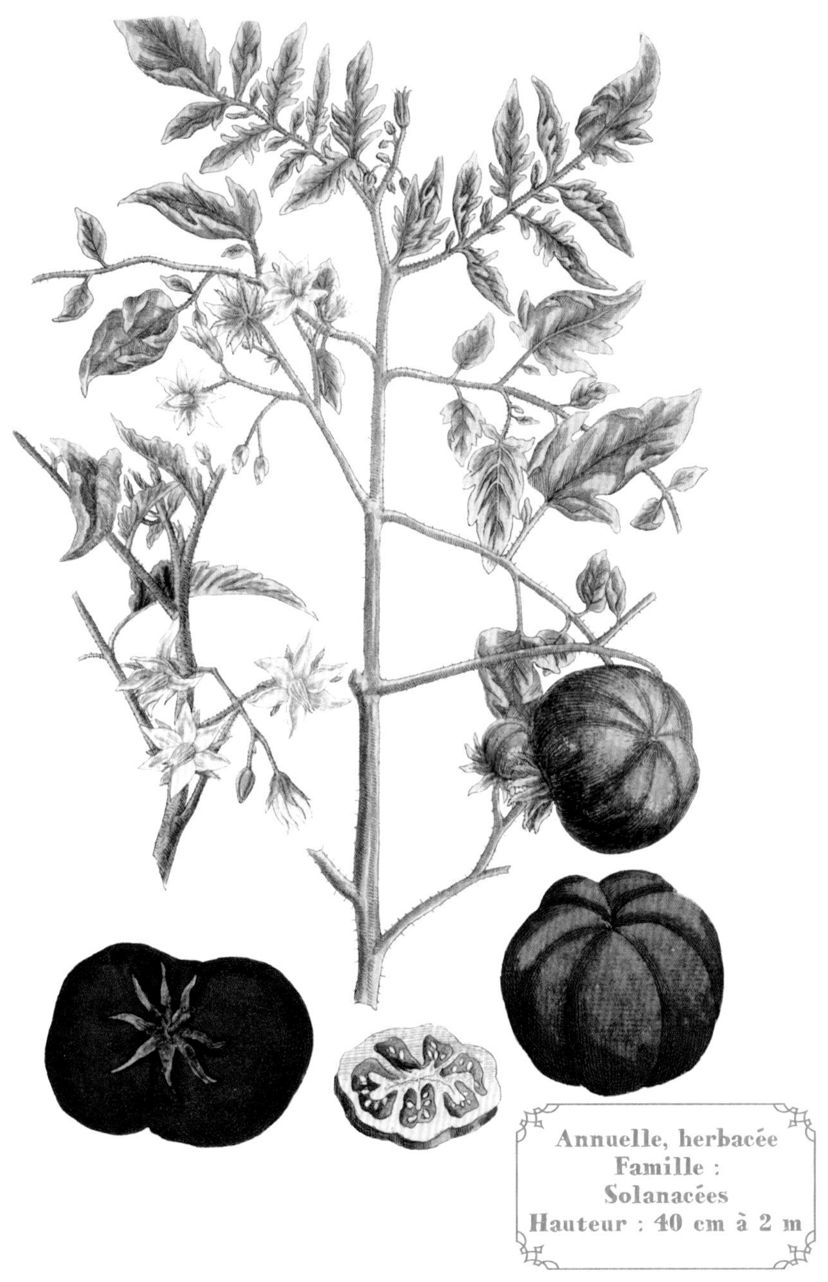

一年生草本／ナス科／高さ：40cm-2m

BIBLIOGRAPHIE
参考文献

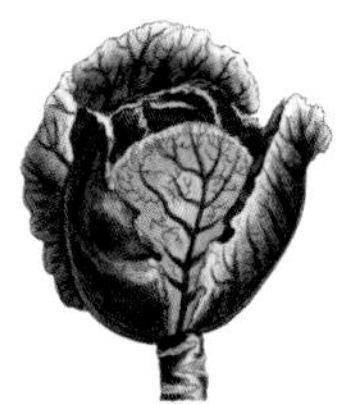

BECK Bernard *Jardin monastique, jardin mystique. Ordonnance et signification des jardins monastiques médiévaux* (article), *Revue d'histoire de la pharmacie*, 2000.

BECK Bernard *Les Jardins botaniques médiévaux et leurs plantes médicinales* (article), revue *Jardins*, Éditions du Sandre, 2015.

BECK Bernard *Saint Bernard de Tiron, l'ermite, le moine et le monde*, La Mandragore, 1998.

BONNAVENTURE Lydia *La Maladie et la Foi au Moyen Âge*, Éditions La Louve, 2011.

BULLY Sébastien *Archéologie des monastères du premier millénaire dans le Centre- Est de la France* (article), Bulletin du centre d'études médiévales d'Auxerre (Bucema), 2009.

CAMBORNAC Michel *Plantes et Jardins du Moyen Âge*, Hartmann Éditions, 2001.

GAILLARD Michèle *L'accueil des laïcs dans les monastères (v^e^-ixe siècle), d'après les règles monastiques* (article), Bulletin du centre d'études médiévales d'Auxerre (Bucema), 2015.

GESBERT Élise *Les Jardins au Moyen Âge : du xie au début du xive siècle* (article), *Cahiers de civilisation médiévale*, 2003.

GIOANNI Stéphane *Moines et évêques en Gaule aux ve et vi^e^ siècles : la controverse entre Augustin et les moines provençaux* (article), revue Médiévales, printemps 2000.

GIRAULT Pierre-Gilles *Flore et Jardins, usages, savoirs et représentations du monde végétal au Moyen Âge*, Le Léopard d'Or, 2000.

HAUDEBOURG Marie-Thérèse *Les Jardins du Moyen Âge*, Perrin, 2001.

HOBHOUSE Penelope *L'Histoire des plantes et des jardins*, Bordas, 1994.
〔ペネロピ・ホブハウス『世界の庭園歴史図鑑』上原ゆうこ訳、原書房、2014年〕

LE GOFF Jacques *Héros et Merveilles du Moyen Âge*, Points, 2014.
〔ジャック・ル・ゴフ『「絵解き」ヨーロッパ中世の夢 イマジネール』橘明美訳、原書房、2007年〕

MANE Perrine *Les fruits et les légumes dans les livres de cuisine à la fin du Moyen Âge* (article), Actes du 18e colloque de la Villa Kérylos à Beaulieu-sur-Mer, Publications de l'Académie des Inscriptions et Belles-Lettres, 2008.

   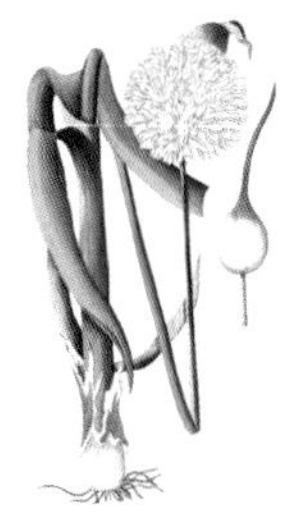

MOULINIER Laurence *La Botanique d'Hildegarde de Bingen* (article), revue *Médiévales*, 1989.

PERNOUD Régine et HERSCHER Georges *Jardins de monastères*, Actes Sud, 1996.

PITRAT Michel et FOURY Claude *Histoires de légumes : des origines à l'orée du XXIe siècle*, Éditions Quæ, 2015.

QUELLIER Florent *L'automne horticole du Moyen Âge, permanences médiévales dans les traités de jardinage de la première modernité (1486-1652)* (article), revue *Archéologie du Midi Médiéval*, 2005.

SIVERY Gérard *Terroirs & Communautés rurales dans l'Europe occidentale au Moyen Âge*, Presses Universitaires de Lille, 1990. *Jardins du Moyen Âge*, Centre de l'enluminure et de l'image médiévale, abbaye de Noirlac, Le Léopard d'Or, 1996.

Le Jardin monastique médiéval, la métaphore du Paradis, ouvrage collectif sous le commissariat général de Dominique Naert, Maison de l'outil et de la pensée ouvrière, 2005.

Le site de la Gravière à Fareins (Ain) *: une occupation rurale de la fin de l'Âge du Fer au Moyen Âge central dans le sud du Val de Saône* (article collectif), *Revue archéologique de l'Est*, 2014.

Vergers et Jardins dans l'univers médiéval, Collectif CERMA, Presses Universitaires de Provence, 1990.

本書で言及された資料の邦訳書

ウェルギリウス『牧歌/農耕詩』小川正廣訳、京都大学学術出版会、2004年

ギヨーム・ド・ロリス、ジャン・ド・マン『薔薇物語』見目誠訳、未知谷、1995年他

ヒルデガルト・フォン・ビンゲン『聖ヒルデガルトの医学と自然学』井村宏次訳、ビイング・ネット・プレス、2002年〔『フィジカ』の邦訳〕

フェルナン・ブローデル『物質文明・経済・資本主義-15-18世紀』全6巻、村上光彦、山本淳一訳、みすず書房、1985年

フランソワ・ラブレー『ガルガンチュワ物語パンタグリュエル物語』全5巻、渡辺一夫訳、岩波書店、1984年他

フランソワ・ラブレー『パンタグリュエル物語　第4之書』渡辺一夫訳、岩波書店、1974年他

その他翻訳に際し参考にした書籍

エリカ・ライス『禁断の毒草事典：魔女の愛したポイズンハーブの世界』ダコスタ吉村花子訳、グラフィック社、2022年

ガブリエル・ターギット『花と庭園の文化史事典』遠山茂樹訳、八坂書房、2014年

ピーター・E. クキエルスキー、チャールズ・フィリップス『バラの物語：いにしえから続く花の女王の運命』ダコスタ吉村花子訳、グラフィック社、2022年

INDEX

索引

学名索引

著者　ミシェル・ボーヴェ

ガーデニング、ワイン、芸術、文明を専門とする作家、翻訳家。ガーデニングと自然をこよなく愛し、野草や栽培植物に関する本を多数執筆。生物学から文学、絵画、古典まで幅白い知識に定評がある。『ちいさな手のひら事典 バラ』(グラフィック社)の著者でもある。

監修者　深町貴子

園芸家。(有)タカ・グリーンフィールズ専務取締役。(公財)日本家庭園芸普及協会理事。病弱だった幼少期に植物から「生きる」意味を学び、「園芸で人を幸せにすること」を人生目標とする。植物を育てる楽しさや喜び、生態系のしくみや不思議を独自の視点で語り、全国各地で園芸の楽しさを広める一方、「趣味の園芸 やさいの時間」(NHK Eテレ)講師のほか、数多くのメディアでも活躍中。監訳書に『フランスの菜園から 野菜、ハーブ、草花に彩られたポタジェのある暮らし』(グラフィック社)、著書に『失敗知らず! 毎日楽しい! プランターで始める野菜づくり』(KADOKAWA)、『深町貴子のプランター菜園スタートBOOK』(NHK出版)ほか多数。

中世修道院の庭から
歴史、造園、栽培された植物

2024年7月25日　初版第1刷発行

著者　ミシェル・ボーヴェ(©Michel Beauvais)

発行者　津田淳子
発行所　株式会社 グラフィック社
〒102-0073 東京都千代田区九段北1-14-17
Phone 03-3263-4318　Fax 03-3263-5297
https://www.graphicsha.co.jp

制作スタッフ
監修　深町貴子
翻訳　ダコスタ吉村花子
デザイン　神子澤知弓
制作・編集　本木貴子、三逵真智子(グラフィック社)

印刷・製本　TOPPANクロレ株式会社

乱丁・落丁はお取り替えいたします。
本書掲載の図版・文章の無断掲載・借用・複写を禁じます。
本書のコピー、スキャン、デジタル化等の無断複製は著作権法上の例外を除き禁じられています。
本書を代行業者等の第三者に依頼してスキャンやデジタル化することは、
たとえ個人や家庭内であっても、著作権法上認められておりません。

ISBN 978-4-7661-3902-0　C0076
Printed in Japan